疾行船

我家的兩岸故事（一）

財團法人沈春池文教基金會 著

你的過去，我們的歷史，

人的溫度與故事不斷更迭，

匯聚成大歷史的底蘊。

歷史，就活在你身上！

1953 年，全家享用軍用水蜜桃罐頭，是眷村的美好瞬間。（吳冰雲攝）

1 1951 年孫立人將軍探視娃娃兵，親切問候。（羅超群攝影，
2 羅廣仁提供）

戰壕中的勇士，枕戈待旦。

徘迴於歷史轉折處，一鬆手，就此死生契闊；

一轉身，各自離散天涯。

生與死、聚或散，命運半點不由人。

1
2

1. 王靖國將軍（前排左一）與蔣委員長（前排右四）及蔣宋美齡夫人（前排右三）等人合影　2. 太原戰役堅守到最後一刻的太原守備司令王靖國將軍。（王壽來提供）

再回首，故鄉隔兮音塵絕，

所有的暫別，不經意成了永別。

大浪翻飛，或渡盡劫波，或消隱於塵埃。

歷經重重考驗的遷徙者，在悲歡離合的駭浪中，
尋找靠岸的港灣。

1 1. 王靖國將軍夫婦面對變局，持名守節。 2. 身為將門之後的遺族，王
2 壽來為父親爬梳史料載記成文，拍成紀錄影片。（王壽來提供）

1
2

1.1946年，孫運璿先生來台前在青島與家人合照。前排左為母親楊敏，右為父親孫蓉昌，後排左起五妹慕媛、弟運環、三妹慕婉、運璿先生、四妹慕娟。 2.孫運璿得到總統蔣經國先生器重。（孫璐西提供）

1
3 | 2

1. 孫運璿夫婦在漢寶德先生（左二）陪同下參觀科博館，專注地聆聽現場導覽。 2. 孫運璿院長與夫人俞蕙萱，天造地設好伴侶。 3. 孫璐西感念父親不管對人、對事都充滿感恩之心。（孫璐西提供）

1 2 1. 胡志強擔任新聞局長時，與演藝界朋友舉杯同賀。 2. 日積月累進修英文，任總統翻譯時表現卓越。（胡志強提供）

2 | 1
3

1. 賢妻海外伴讀，走向愛的天涯。 2. 有孫萬事足，胡志強家庭和樂美滿。 3. 胡志強為人幽默又風趣。（胡志強提供）

趙將軍夫婦及趙寧、趙靖與趙欣三個優秀的孩子。（趙怡提供）

命運艙門之前，做出改變一生的關鍵抉擇，

開啓生命的機遇之歌。

1 1. 趙媽媽率趙怡等子女回西安探親。 2. 趙怡說：人生修行最好的人，
2 是我爸爸媽媽。（趙怡提供）

歷經悠長歲月，

被時光收編的必是曾經悸動過的人與事。

1
2

1. 賈李樹芝嫁給空軍丈夫，婚姻美滿。 2. 曾服務於埔里榮民醫院的白衣天使。（賈李樹芝提供）

百歲賈李樹芝展現舊時代女性不斷挑戰人生困境的智慧與勇氣。（賈李樹芝提供）

1 1. 李正輝父親是飛行員，高大挺拔。 2. 在岡山眷村成長，留下歡樂回
2 憶。（包英敏提供）

1
―
2

1. 敦厚傳家，李家子孫未負先人教誨。 2. 包英敏與女兒攜手推動藝術外交。（包英敏提供）

1 1. 啟動眷村改建計畫，昔日住戶陸續搬遷。 2. 眷村雖斷垣殘壁，卻承
2 載共同的回憶。

或淡或遠，只要舊景老物出現，
該想起來的，就必定想得起來。

1/2 1. 彩虹爺爺與洪通同被歸類為素人藝術家。 2. 春安路 56 巷 25 號是彩虹爺爺的住屋，台中市政府將之保存。

A10

老律師捧骨灰 送上百老兵返鄉

高秉涵：當年老鄉帶他到台灣 現在送他們回家似是命運安排 一罈罈都是濃濃鄉愁

回家了

1 1. 受託的每個骨灰罈安全送到，一個都不能少。 2. 二十多年過去，從
2 不間斷，高秉涵默默護送超過百位老兵的骨灰回到家鄉。（高秉涵提
供）

我家的兩岸故事（一）

序

從「家」的視角，爲兩岸歷史補遺

——沈慶京（威京總部集團 主席、財團法人沈春池文教基金會 董事長）

父親沈春池原本在福建漳州市漳浦縣從事教育工作，一九三七年因抗戰爆發棄文從軍，投考中央軍校十四期，跟著部隊東奔西跑。中日戰爭時，廣東潮州籍的母親為了和從軍的父親會合，冒著生命危險，從越南搭火車由邊界進入雲南，穿山越嶺轉至重慶。途中火車翻覆，傷亡者眾多，歷經九死一生的旅程，終於在戰亂中重逢並締結良緣，一九四七年於南京生下我。

台灣二二八事件隔年，當時的空軍總部調派熟諳閩南話的父親來台接收戰後物資，媽媽帶著兩歲的我，隨著老兵父親遷徙渡海，一個城鎮換過一個城鎮，過著漂泊不定的童年生活，小學讀了五所。歷經不斷轉學與搬遷，全家落腳克難街315號長達二十年。

從南機場、西藏路、東園街到西門町，我在老萬華度過年少輕狂的叛逆歲月。

我親身見證眷村從無到有的時代歷程，猶記當時，成長環境因語言問題時有誤解，來自大陸各省縣市居民彼此語言不通，閩客間也有所隔閡，後來歷經鄰居、朋友、同學、同事及通婚，才逐漸溝通無礙。

爾雅的年代，舊日光景深深烙印心中。

一九五〇年代，經濟蕭條的台灣百廢待舉，生活相當窘困，我也曾撿拾垃圾掙取零用錢，陪母親拎著兩隻雞從南機場到龍山市場擺攤；和父親之間最溫暖的回憶，是緊握他的手去美都麗（前國賓戲院）看電影，那也是父子倆唯一看過的一場電影，這些舊日光景深深烙印在心裡。

父親始終視生活的艱辛為時代命運，他生前擬好的墓誌銘：「一生辛勞，只為興家；半生戎馬，志在報國」，每憶及父輩的家國情懷與克難精神常使我淚滿襟。

已消失的克難街那段物力維艱的貧陋歲月，惕勵我這一生無論遭遇任何困難，始終堅持不向恐懼和挫折妥協，三十歲時提出「創造人生被利用的價值」，並延伸至集團企業的發展，我認為，這就是台灣的「克難精神」！

欣見《疾行船：我家的兩岸故事》付梓成書，感慨許多珍貴的傳家篇章，若沒有即時記錄，將在歷史中消失殆盡。這些民間記憶，反應這塊土地上省籍互異的生命，從陌生到熟悉、從隔閡到融合所共同經歷的蛻變進程。

我來台算是第二代，同輩親友、鄰居相繼謝世，二〇一六年啟動的「搶救遷臺歷史記憶庫」雖是亡羊補牢，但基金會今後一定更致力於此項人文公益計畫，以口

1/2 1. 一生辛勞，只為興家；半生戎馬，志在報國。 2.「創造被利用價值」延伸至企業，發揮台灣克難精神！

述影音與文物徵集，還原一九四九悲壯年代到台灣發展歷程的步履艱辛，加速落實紀錄歷史、傳承文化之使命。

我父母皆痛恨共產黨，但時代變遷、中國大陸質變，一九九二年我提出國共和談論述，期待國共兩黨可以用更多和平的方式交流，共同為兩岸民眾服務，這才是共創雙贏，為兩岸人民謀福祉。

歲月如流在穿梭，父親的風範長留人間。

序

眷村子弟重燃文青魂

——胡志強（前台中市市長）

（胡志強提供）

我是眷村子弟，在台中模範新村長大，隔一段時間就帶著溫暖記憶重回舊居和長輩問好話當年。老人家慈愛的拉起我的手，多皺的臉龐漾出笑容，彷彿眼前的我，仍是當年那個少年，沒有一絲絲改變，「時間不過是考驗，信念絲毫不減。」

只遺憾，六十萬大軍正以驚人速度消逝於不可逆的時間巨輪，也就是說，短短五年後，眷村的集體記憶將消失，我熟悉的長輩身影，往哪裡再去追尋？

站在搶救第一線，沈春池基金會透過巡展、論壇、拍攝記錄影片各種充滿愛心的行動，如火如荼，持續以真實攝錄的無畏精神，細訴遷台人物的一生感懷、半生坎坷，既保存了歷史陳跡，也拼繪出兩岸系出同源的情懷，令人感佩。

成立三十五年的「沈春池文教基金會」，董事長沈慶京，人稱威京小沈，早在那個戒嚴的禁忌年代，即一身膽識的冒著傾家蕩產及「為匪宣傳」風險，獨家贊助風靡兩岸的《八千里路雲和月》，開啟了兩岸關係突圍的歷史閘門。

此推廣人文公益的巨大工程，為兩岸大時代的悲歡離合留存見證，沈慶京的善行義舉深獲各界肯定。如今，提筆為《疾行船：我家的兩岸故事》出版寫序，我的文青魂頓時上身，獻讀眷村第一代多位詩神的經典之作，做為出版賀禮。

瘂弦《金門之歌》曾頌嘆：「如同我們擦亮一枚步槍，我們擦亮這新的日子。剽悍而粗壯，我們將走入歷史的盛夏。在鋼盔中煮熟哲學，自鐵絲網裡採摘真理。堅定如一顆準星，燃燒如一條彈道。」

余光中名詩《鄉愁四韻》細膩描繪：「給我一瓢長江水啊長江水，酒一樣的長江水，是鄉愁的滋味！」

管管更用哀愁筆調書寫故鄉：「故鄉是俺心中的墳，裡面住著父親母親，天天過著寒食清明，冷雨紛紛。」大兵作家張拓蕪晚年則感嘆，「最窮困艱苦的年辰，也不過吃了些日子的地瓜稀飯而已；最危險的日子也不過捱了幾次盟軍飛機的空襲轟炸而已。哪像我們，吃是飽一頓餓一頓，睡是過得一宵算一宵，日日夜夜時時刻刻的在和死神捉迷藏，生命好似一個醉漢手中的琉璃燈。」

我在書中，談到眷村貧寒卻無憂的童年、學英文的趣事、娶青梅竹馬為牽手的甜蜜、留學生的長夜苦讀、入閣的無畏使命及十三年台中市長任期的無負所託。回憶是重新再一次認識自己，感謝沈春池文教基金會對待社會的溫柔，讓我展卷想念遠去的爸爸媽媽，也懷念舊時代曾經給予的一切淬鍊。

離家有殤、思親有痛的遷台歷史，經歷了金戈鐵馬、千里流徙，我輩無不企盼兩岸能因文化結合而拉近共融。

在《疾行船：我家的兩岸故事》一書中，可讀到這一股濃厚的新文化懷思，受訪者釋出真情，吟誦和平為唯一主題曲，透過訪談告訴讀者，父母親那一代雖流離，卻未失所，台灣寶島豐我衣食、惠我教育七十餘年，「我們是幸運又幸福的一代」。

匯通兩岸文化臍帶，延續相濡以沫的民族情懷，也正以新形式的善意萌芽，未來必勃勃生機。台灣若多幾個心誠意真的「沈春池文教基金會」，國富民強是必然耳，族群和諧更不在話下。

祝福每位遷台的長輩，你們是時代的光——世代相傳，永不消失。

序　一頁驕傲但心酸的歷史

——蘇起（財團法人台北論壇基金會　董事長）

首先要感謝沈春池文教基金會董事長沈慶京先生發心籌編這本書，為中華民國，也為台灣，留下一頁珍貴的歷史紀錄。《疾行船》記載的不只是這二十五位作者的個別回憶。

它是將近兩百萬人在那個顛沛流離大時代的集體記憶縮影。這群人飄洋過海，在完全陌生的台灣落地生根，心懷理想，共同奮鬥，最終在台灣安身立命並發光發熱。中國歷史上不乏類似的故事，如西晉的「衣冠南渡」。但因古人文字記錄有限，今人只能憑想像來揣測當時情景。本書的出版就省去後人許多麻煩。

更重要的，這些都是真實的、活生生的記憶。不把個別的它們集結起來，落入文字，時間久了，記憶消失不說，還可能被刻意扭曲。現在很多人已經忘了：

——這群人或他們的父兄是「光復台灣」的功臣。沒有他們當年在中國大陸拋頭顱、灑熱血，台灣今天的身分還是殖民地，完全沒有尊嚴，沒有自主。

——這群人也是「保衛台灣」的功臣。沒有他們當年夙夜匪懈，誓死保家衛國，今天的「林飛帆們」就不是「塔綠班」，而是「紅衛兵」的後代。

——這群人還是「建設台灣」的功臣。沒有他們胼手胝足，全力投入各項建設，就沒有後來的台灣經濟奇蹟以及全民的好生活。

人是健忘的。這群人這些值得今人感念、子孫驕傲，由血淚汗水凝結出的貢獻，如果沒有留下紀錄，很快就會在歷史洪流裡消失得無影無蹤。如果沒有這本書裡的真實故事，一般人僅僅看到現在殘存少數眷村的殘破剝落外表，根本不可能想像當年「竹籬笆內」酸甜苦辣的生活萬象是多麼豐富，而它們的存在又對台灣的過去、現在、未來具有多大的意義。

最讓人心酸的是，這群人在「光復台灣」、「保衛台灣」、「建設台灣」以後該「享受台灣」時，卻發現自己被殘酷現實拋到後面。他們絕大多數沒有土地，也根本沒想到要給自己兒孫留下幾分地或房舍。他們多半孤家寡人離鄉來到異地從頭做起，根本沒有人際關係。他們孤單到萬一不幸在什麼混亂局面（如二二八事件初期）丟了性命，也沒人知道，甚或關心。台灣經濟起飛後，他們多半只能單打獨鬥，力爭上游，競爭力當然比不過擁有手足、家族、同村、同鄉、同學、同事、或同宗等支援系統的人。如果沒有土地、沒有人際關係，再加上教育不足，或所學不符社會需要，那麼就只有下沉到社會底層的命運。

更糟的是，隨著台灣社會的變遷，越來越多人忘記這群人以前的巨大貢獻，常常有意無意給他們貼上特殊標籤，嚴重傷害他們的尊嚴。有人甚至冷酷無情到剝奪他們當初與政府約定的退休待遇，衝擊他們餘生卑微的安全感。

基於中華文化報喜不報憂的傳統，本書作者（包括筆者在內）多半只挑光明面來講，刻意刪去陰暗面。事實上就在我們作者群身邊，也多的是令人心酸、感嘆、甚至傷心的案例。他們的驕傲與尊嚴早被生活消磨殆盡；他們的貢獻早被多數人遺忘；他們的故事不再有人傳唱。更慘的，如今他鄉已變故鄉，而故鄉已變他鄉。他們的軀體在台灣，但精神卻不知何所寄託。時代的悲哀，莫大於此。我們作為「這群人」少數的幸運後代，必須要向他們致上最崇高的敬意。

最後藉此一角，我要特別感謝當年身懷六甲的母親與挺過多次戰役的父親不辭辛勞把我帶過黑水溝，並讓我們這一代在台灣這個好地方安定安全地成長，還接受中國歷來最完整的教育。願歷史終將還您們一個公道！

序

越來越多，也越來越少

——石靜文（財團法人沈春池文教基金會 秘書長）

一書在手，與天下良朋佳友在文字中相濡以沫，這種感覺力透紙背，難言；周身震盪，難語，時刻觸動著心弦。

沈春池文教基金會「搶救遷臺歷史記憶庫」，庫中存有千筆以上的記憶，往後只會越來越多，因為團隊不停的訪談下去；也更會越來越少，因為受訪者以一年一萬人次逐漸凋零。

凋零既不可逆，哀戚也無濟於事，我們必須「搶救」，帶有時間的緊迫性，匆

匆匆七十年歲月，的確讓遷台第一代退出歷史舞台，那穩住軍民流離不失所的眷村，也只剩殘痕，若不快馬加鞭搶救史料，幾年後，再尋已無蹤。

時代變遷，誰都不是局外人，遷台的兩岸人物胼手胝足撫育第二代，如石椿不倒，永遠立在那裡。基金會以幟烈情懷報導有依有據的悲歡離合，輕巧如棉，也勁道似鐵。

為長期的願景不棄不捨，我總跟訪談團隊分享，過去四十年，世界創造了電腦、網路與雲端，AI時代也勢不可擋，「我們要創造什麼？」無論是什麼，只要是我們應該做的，向前跑就對了，在人生旅途中，勇於築夢。

許多人與事，年代的確已久遠，人與物皆模糊飄渺，來不及回顧，就一腳跨過了半生。怎麼勾起記憶？如何後製庫藏？訪談團隊何其不易的兼具理性和感性，挑戰高難度，以真誠審慎的落筆和高畫質影音的紀錄，保留了原貌，也保存了生命紀實。

近三十五年來，大陸崛起，現今已是全球舉足輕重的經濟體，尤其在文物保護與文博發展上成果尤為豐碩，兩岸有識者無不感佩。

基金會長期深耕文化交流，經過三十五年兩岸互動經驗的積累，除了不忘初心，以中華文化為本，促進融合互信，更需因應外在環境變遷，亟思如何與時俱進，以跨領域思維締造文化交流新價值，將文化能量與當代環境緊密銜接。

戰火浮生的袍澤，如今比衰老更老，要重建他們曾經腳踏的歷史現場，再憶往昔曾經目睹的滾滾烈焰，難上加難。沈春池文教基金會願在茫茫大霧中，為兩岸掌起一盞燈。本書《疾行船》出版是「我家的兩岸故事」系列第一本，天時、地利與人和俱足，基金會扛鼎撞鐘，牽起時空文人情緣，我恭逢其任，必不負所託。

戰爭無情，和平無價，交流無悔，合作無敵。謝謝在遷台歷史故事中，相遇的每個你。

序

刻住共鳴的心痕

——李碧華（主編）

從十七到七十，從十九到九十，怎麼一眨眼功夫就幾十年飛逝呢？悠長時光中，蹣跚學步、求學唸書、社會謀職再到男婚女嫁……人生要走的，基本就是這幾條路，舉步向前，再轉過彎，等著的是大時代給予和自己創造的雙重命運。

清晰又淡遠，最難以忘懷的，應是攸關生死的驚濤駭浪吧？戰爭、烽火、逃難與別離，交織成一九四九年中國史上最龐巨的六十萬大軍大遷移，越過太平洋上岸島居，原以為只是「暫移後方」，終究要「反攻大陸」，哪曾料到，就此離鄉，一離七十年，直到鐵幕解鎖，兩岸開放。

如今回顧，當初隨軍來台的六十萬，沒有任何人逃得過歲月刻痕，進入人生最後階段的當下，白髮蒼蒼圖像與血淚斑斑回憶，不可逆的存於遷台歷史記憶庫。訪談團隊與第一代、第二代對話，蒼老與皺紋，感嘆與淚光，巍巍顫顫的組成集體形貌。許多遙遠的事記得好清楚，反覆地說著，剛剛才發生的事，卻又怎麼都想不起來。

動蕩年代刻畫老兵傷痕，怎麼才抹得去？必須說出來，記下來，有計畫地累積那時間巨輪輾壓過的群像。眷村已改建，榮民收容所已深鎖，國軍駐防也換了模樣，曾經效忠家國的軍民逐一走入歷史，「沈春池文教基金會」捨我其誰的架起「搶救遷臺歷史記憶庫」平台，以最真誠而深具意義的文化保存行動，撫今追昔，動容世代。

前輩口述與泛黃照片，映照出先人所思所想，所行所走。「我家的兩岸故事」團隊走訪遷台兩代人，惹哭了拿筆的記錄與鏡頭後的攝影。團隊很年輕，一個訪談，就是一個歷史課，活生生的現身說法讓他們深受震撼。「百歲海歸」賈李樹芝強大又溫柔，毅然遠赴非洲當護士後伴夫攜子移民新大陸，表達了舊時代女性不向現實低頭的堅忍不拔。

權貴之子，政二代也要跑中山堂預支薪水？僑務委員會前副委員長葛維新揭開國代父親照顧部屬的秘聞，無愧「暖男長官」稱號。叛逆教練孫朝，父親也是國大代表，母親管理土城「生產教育實驗所」，這樣有頭有臉的家庭，「絕望透頂」下，又如何為流氓孩子找到出路，在籃球天地一展長才？

母子倉皇逃難，若沒受到甘蔗田掩護，台灣可能就少了一位藝術瑰寶，險象環生的敘述，聽得採訪小組嘖嘖稱奇。孫立人攝影官羅超群應是臨到生死關頭才急中生智的想出「狸貓換太子」吧！這麼一個老實老兵眼見珍貴史料被毀，臨機一動，移花接木。怎麼移？怎麼接？記錄栩栩如生。

史學家王壽來為父親王靖國將軍爬梳史料入祀忠烈祠，擺脫灰飛煙滅，展現厚實情懷。書中知名的領航人物有行政院院長孫運璿、台灣第一電視主播盛竹如及廣播泰斗白銀阿姨，他們與命運周旋，足以當處世教材。第二代的胡志強、蘇起與趙怡來自中南部眷村，歷經普遍的貧寒交迫，領受父母教誨成為社會中堅，在學問、做人與格局各方面表現卓越。教父級的「司法藍波」翟宗泉吃到軍人餽贈的饅頭活下來，與「金融名將」汪樂山皆為伸張真理正義，硬頸與高層「對著幹」，毫不畏權的行事風骨，團隊也有生動描述。

眷村的人情「味」由眷村媽媽談臘肉、說年糕，為竹籬笆的回憶注入香氣。一繪成名的彩虹爺爺和功夫明星李小龍有段忘年的眷村比鄰而居奇緣；漳州首富之子李俊渠如何開枝散葉？雕字奇才張介冠在台北後火車站可是響叮噹外省第二代，他的江湖傳奇是在地文化薰陶成果；台灣第一繡補師吳阿鏡在貧困舊年代，一針一線寫下庶民

目錄

序

的真實生態，也很勵志。

優雅又知性的包英敏與女兒李正輝，一起回顧「江西首富」傳奇，拉回民國初年大戶人家場景，曲折生動。以吉普車為家，趙美華的童年就是隨父一村移防一村。歸鄉路迢迢，高金素梅老父金德培抱回故鄉泥土，老淚縱橫，多希望能化淚成雨，匯流在隔著彼此的傷心太平洋。

遷台二代還訪到頂著「馬英九競選辦公室文宣部專員、中國國民黨中央常務委員、總統府聘用諮議」偉大頭銜回鄉的林家興，夾道歡迎中，村民以為迎接掛滿勛章的「大」人物，結果被省縣簇擁而來的，居然是一個春風「小」青年，套句網紅現代用詞，「驚呆了」。

越過千山與萬丘，看盡悲歡與離合，有人終生再難相見，有人卻在茫茫人海中幸運團圓。張秀實以一則偶爾看到的「尋人啟事」終於找到思念半生的弟弟；以四十四公斤瘦弱身軀護送百餘老兵骨灰歸故里的律師高秉涵，誓言終身不吃石榴，那是一個與母親訣別的斷腸回憶。

但願，被啟迪觸動的當下，刻住條條共鳴的心痕。

輯一　天涯飄泊被時光收編

輯二　女性命運豐沛之思

輯五　遺族追思紀念冊

輯六　為遷台歷史補遺

輯一

天涯飄泊 被時光收編

小小羊兒要回家

金德培

退伍後娶原住民姑娘爲妻，讓飄泊半生的金德培感受一種難以置信的幸福，長途跋涉是禮讚自己苦盡甘來。踏上家鄉的故土之後，血濃於水的親情很快地湧現在親友故舊之間，到處見到「歡迎回祖國」的迎賓標語，心中升起了溫暖，一旦相見就知道是一家人。

（高金素梅提供）

獨自莫憑欄，無限江山，別時容易見時難。

「飛機一飛上天空，我就開始流眼淚了，想到自己當年也是孑然一身離開家鄉。」金德培這一哭，身邊的兒子也跟著掉了眼淚。等了半個世紀，封鎖的兩岸總算和解，從此，迎來了大陸開放探親的世紀團圓。金德培此時心頭既升起了團聚之喜，也混雜了離世之悲。

一九八六年，金德培接到廬江三姨媽的來信，才得知母親已在大陸孤單的過世，他雖然急切地想去奔喪，但當時兩岸尚在對峙，只能臨海追思，隔岸燒香。「孩子在這邊，媽媽在海的那邊，我只能在心裡跟媽媽報平安。」好不容易等到了兩岸開放，能自由往來，踏上歸鄉之路的金德培卻近鄉情怯，就怕「相見不相識，笑問何處來」。

還好，踏上家鄉的故土之後，血濃於水的親情很快地湧現在親友故舊之間，思鄉的老翁和嬉戲的孩童，毫不違和的迴蕩在阡陌縱橫裡。下了飛機走進村莊，到處見到「歡迎回祖國」的迎賓標語，金德培頓時放下了心中的大石頭，升起了溫暖。回家就是親切，無論分開多少年，一旦相見就知道是一家人。

回家

金德培眼前所見的老家好像一切如舊，卻又好像從未來過的陌生。時代變動，老家的祠堂早已荒廢，牌位塵封在荒草之間，香火也是渺渺。遠處的山音奏響，金德培的大兒子高金秀洋在大山中撐起了陽傘，為奶奶招魂，本來分明是太陽高掛的大熱天，結果金德培大聲喊了媽媽的名字之後，天空竟然驟然地下起雨來！信是媽媽聽見了，也回應了。

掃完墓後，金德培帶回了一把故鄉的泥土，家鄉的回憶，就這樣絲絲縷縷地在心中迴盪。年事已高的金德培帶著女兒高金素梅回安徽老家捐贈電腦設備、一圓返鄉濟貧的宿願之後，在二〇一九年一月十三日辭盡了人間辛苦，與摯愛的妻子阿麗長眠於台灣，永遠相伴。

童年

金德培曲折的一生，要從父親早逝，母親緣淺，從小在舅舅家孤單長大談起。

一九二九年，他出生在安徽巢湖，三歲父親過世，母親在深沉的悲痛、精神幾近崩潰之後，隨著寺廟的尼姑帶髮修行、遠赴他鄉，留給金德培唯一的印象就是，母親很喜歡喝茶，母子間的濡沫天倫，總繚繞在茶煙之間。

舅舅家計沉重，無暇顧看外甥，金德培直到十二、三歲才勉強升上安徽巢湖中學。然而，戰亂卻來得猝不及防，上課時大都在躲空襲逃命，炸彈常常在眼前開花，連個喘息都艱難，少年生活只能一片慘白。

一九四五年，八年對日抗戰好不容易勝利，但新的衝突卻又爆發了。此時，老百姓的心情就像破碎的瓦礫那樣，四分五裂。內戰的烏雲越來越近，國民政府四處在招考青年從軍，這一天，招兵大隊到了安徽。「聽到有年輕人喊說，有人在找兵，帶去訓練，就有飯吃。」

懵懵懂懂、只求溫飽的金德培當時毫不考慮地就填寫了報考表，結果順利過關，穿上了軍服。「那時候戰亂，無家可歸，想爸爸媽媽，為吃穿發愁。考官叫我們寫一篇國文自我介紹，寫得出來就通過。」金德培寫的就是自求溫飽的孤苦身世。

幼年軍

隨著憲兵部隊開拔，離鄉背井的金德培加入了幼年軍。此時，修行在外的母親早已不知去向，連想道別的家人都沒有。金德培便一路默默喊著親娘的名字，一路星夜兼程。他完全沒有料到日後竟會輾轉來到台灣。這一別，路途更遙遠，從此這對情深緣淺的母子，就斷了音訊。

在不斷地翻山越嶺之間，憲兵騎兵隊分派金德培作騎馬、射擊和作戰的訓練。部隊一路開拔到巢縣蕪湖的新兵分校，又到了南京駐紮。在小營訓練騎馬時，一個騎兵連有一百多人，組編有三個排。「憲兵需要高個子。憲兵學校見到部隊進學校，就馬上喊，個子高的站出來。」合格的金德培因此開始在南京大學的公園養馬受訓。

騎兵隊

馬匹相當高大，金德培按照教練班長的教導，把繩子拴在馬鼻子上跑一圈，掉下來了就再爬上去，反複地操練。久而久之，鍛鍊成了錚錚鐵漢，少年的稚氣逐漸褪去。

金德培回憶起這段往事時說：同時帶刀、荷槍和騎馬並沒有想像容易。當年只有一塊破布披在馬背上充作馬鞍，背起軍刀跟長槍，拉著粗繩，後腳扣住馬肚子，眼睛還要盯著前方。要馬跑快，就要放鬆韁繩，用後腳跟踢馬，馬兒就會跑跑跑；要慢的話，就要把韁繩拉緊，真的不容易。

摔下馬受傷是兵家常事，擦藥後又得生龍活虎地繼續操練。實彈射擊頂多只有兩個禮拜練習。真人舉起靶牌，對講機那邊就指揮槍口向左、向右地打向活動靶，簡直像玩命。騎兵隊的標準配備是馬、刀，還有三把槍。馬匹是從投降的日本人那接收過來的，訓練有素知道要打仗。金德培韁繩拉在馬背，單手開槍，槍法準確度達到百分之七十五，算是高手。

國共內戰爆發之後，金德培隨著憲兵部隊一路南下，常被共軍游擊突襲，打了跑，跑了再打。騎兵部隊到了廣東碼頭之後，搶著上船的難民把碼頭擠得水洩不通，大家搶攀麻繩登船，船已經開始出海，部隊沒能擠上去，只好轉到雲南和貴州。

共軍的游擊隊神出鬼沒，即使晚上也得趕路。走了太久，人馬疲憊不堪，夜路什麼都看不清楚，沿途都是懸崖山壁，大家只能前後扶著前進，山勢險峻，許多人都掉下了懸崖。

富國島

騎兵部隊這一路撤退得非常紊亂，憲兵和陸軍的軍隊編制全都打散了。翻越長江上游的紅河，來到越南之後，部隊又被越南的法國軍隊解除武裝，羈困了四個月，然後被送到越南的富國島。

在富國島上，金德培跟著同僚在海邊撿茅草當建材。「房子蓋得很不好，一直漏水，天天重新蓋。」一待就是四年。那個時候，「大官貪、小官貪、通通貪！」被剝削的部隊，連米飯裡都常摻雜骨頭和沙子，難以下嚥。

不久之後，耳語傳來：說是白先勇的父親、白崇禧的部隊，遭到解放軍與越南軍隊的夾擊，被法國的殖民軍隊解除了武裝，也軟禁在富國島。當時也流傳著蔣委員長要放棄富國島部隊的謠言。後來聽說：蔣委員長寄望富國島部隊能在反攻大陸時從越南進入大陸，因此就把殘部整併，取消原有番號，成立了「留越國軍管訓基地」。

然而，島上的部隊卻為了能轉移到台灣，開始絕食抗議。當時富國島的部隊司令官黃杰便不斷地寫信給蔣委員長求援。直到一九五三年六月底，留越國軍部隊才終於分批抵達台灣。

來到台灣

金德培至今都還記得，在高雄港下了船，老百姓拿香蕉給他們墊肚子，恭喜平安。沒多久，就在金德培在台中的山上駐防時，他遇見了泰雅族的姑娘高香妹。他喚她「阿麗」，泰雅族語是「竹筍」的意思，這名字就像她本人一樣，踏實真誠。

娶到阿麗，讓飄泊半生的金德培感受到難以置信的幸福。經歷了這麼多年的轉戰跋涉，如今這娶妻生子、養育後代的尋常人生，給了金德培一種從未夢想過的安定。阿麗先後為她生下了四個兒女。

儘管家境清寒，工作繁重，但是金德培對於自己四個孩子的教育，卻是用心留意的。他會每天在簡陋的家屋前庭升起國旗，讓孩子們看到父親對國家的敬重。他會每天將報紙上他看過的重要消息和社論，用紅筆圈好，放在桌上，鼓勵子女多讀報紙。金德培親身經歷了抗日和內戰，所以對於日本和美國這兩個國家，有著獨到地警惕，並且常常告誡子女要引以為戒。金德培這些身教和言教，潛移默化地影響了四個小孩，特別是他的第二個女兒，素梅。他這個小女兒，從小就有一股與生俱來的正義感，好打不平，小時候的願望是當老師和護士。這個小女兒當過歌手、做過演員，卻在星

1 1.2. 窮阿兵哥娶回美嬌娘，特別珍惜和平歲月。（高金素
2 梅提供）

光最璀璨的時候，急流勇退。後來還遭遇過病痛的打擊和折磨。

女兒高金素梅

好不容易大病才初癒，金素梅又為了維護台灣原住民族的權利，毅然決定參選從政。為了以原住民的身分參選，金德培的這個小女兒和爸爸商量著要改冠母姓的想法，想不到金德培立刻就同意了。

金德培在原鄉住了大半輩子，山地原住民長年來所遭遇到的困境和問題，他見得太多了，他很高興自己的女兒願意出頭為原住民爭權利。對金德培來說，素梅不管姓什麼，都是自己的女兒，他唯一掛心的就是他這個嬌小的女兒，能不能承擔這麼重大的使命。所幸，這個小女兒，高金素梅，用她正義的稟賦、謙和好學的才能和負隅頑抗的鬥志，在險惡的台灣政治叢林中，花了二十年披荊斬棘，為台灣原住民族的歷史、權利、教育、健康和未來，開墾出了一條生路！

她堅定反對靖國神社、反對美國侵略戰爭的運動，更讓金德培與有榮焉。這位老爸爸不禁覺得小女兒，盡得了他的真傳！然而，政治鬥爭裡那種你死我活的凶險，卻又讓金德培始終放心不下。對於這個小女兒，除了心疼不捨和開心自豪外，他心裡還有一份作為父親的、愛的本能，那就是永不止息的擔憂。

愛妻阿麗

當年，東勢有兩家電影院。憲兵隊營區就駐紮在東宮戲院旁。有一天，金德培在戲院門口巧遇了阿麗和她的母親，於是他請這對母女看電影，也進一步熟稔了起來。

阿麗愛唱歌，金德培和她的定情合唱曲就是《綠島小夜曲》。懵懂的少年也不知道什麼叫做談戀愛，只是覺得自己孤家寡人，台灣沒有親戚朋友，自己和阿麗的交往也沒什麼阻礙。「有夢就是希望，很希望可以建立家庭，傳宗接代。」二十五歲那年，金德培順利退伍娶親，在路邊擺簡單宴客結婚，以山林一間泥土蓋的老舊空屋當作新房。

那個時代，無依無靠的退伍軍人，誰不是為了養家活口，而擔子沉重呢？金德培當時的薪水很少，還要耗盡體力上山打石頭做工賺外快，才能勉強一家餬口。

金德培很感謝愛妻把孩子帶大，但也最不捨愛妻阿麗因為病痛所遭遇的折磨。阿麗的鼻癌發現得太晚，連打嗎啡止痛，還是極為痛苦。「我很感謝她。我這個窮阿兵哥沒錢啊，很苦，一家人睡地上、睡草蓆。」

金德培這一生最愛的一首歌，是《小小羊兒要回家》。他和阿麗一起唱過，自己也時不時地會拿出口袋裡的歌詞，在可以唱歌的場合，高聲歌唱過。金德培愛這首歌，是因為：在這首歌裡，有對母親的思念、有對阿麗的感謝、有對子女的關愛，也有對亂世浮生的牽掛。

青春是在戰亂中渡過的，所以金

阿麗愛唱歌，金德培和她的定情合唱曲就是「綠島小夜曲」。（高金素梅提供）

德培特別珍惜在台灣的和平歲月。有了和平，就算貧窮困頓，也還能保有一個打拼就能贏的期待；有了和平，就算胼手胝足，也還能對下一代有個出人頭地的指望。

但金德培知道，戰爭一旦爆發，尋常百姓的期待和指望，就會被一筆勾銷。因為這個緣故，他就更喜歡這首《小小羊兒要回家》。這首像童謠的歌曲，就好像媽媽對孩子的叮嚀：只要把和平這盞燈火點亮，就算太陽下山了、天色暗了，小小的羊兒也不必害怕，因為吃飽了之後，只要跟著媽媽，就能回到那個亮著燈火、安和平穩的家。

對金德培這一代的人來說，和平真的是得來不易，千萬不能因為一些權力和私利的惡質作弄就被糟蹋了。他懂得這個道理，他也希望後代都能懂得這個道理。

紅紅的太陽下山啦咿呀嘿呀嘿
成群的羊兒回家啦咿呀嘿呀嘿
小小羊兒跟著媽
有白有黑也有花

你們可曾吃飽啊
天色已暗啦
星星也亮啦
小小羊兒跟著媽
不要怕
不要怕
我把燈火點著啦

漳州首富
銀樓傳三代

李俊渠

銀樓開幕時，名詩人徐飛遷曾贈賀聯一副：「天池所孕肥，遮莫珊瑚歸鐵網；寶婺其光閃，好將簪彌供香奩」，賀客盈門的風光，李俊渠從小聽到大。

台北有條東起水源路口崁頂，西止於和平西路二段平交道的漳州街，日據時代通往練兵場，既像堤防也像萬里長城，在一次次的都市更新拆除中，如今已被摧毀殆盡而另築新廈。

漳州城所在的福建省，有座第一銀樓「天華銀樓」，是遷台第二代李俊渠家族所擁有。他打開文件說，祖母林冷是出身望族的名門閨秀，祖父李港水晚清創立銀樓後傳給父親李炳芬，這位大少爺十七歲就讀師範學校立志當教書先生，卻奉父母之命不得不棄文從商，在延安路創立「天寶銀樓」成了當家。開幕時名詩人徐飛遷曾贈賀聯一副：「天池所孕肥，遮莫珊瑚歸鐵網；寶婺其光閃，好將簪彌供香奩」，賀客盈門的風光，李俊渠從小聽到大。

獨愛漳州滷麵和炊蛋家鄉味

再傳到第三代李俊渠時，不幸烽火已連天燒起，剝奪他安逸做銀樓少東的機會。「父親曾是漳州首富，坐享人間繁華。」無奈山河破碎、風雨飄搖，讓不識人間愁滋味的富家公子從此嚐盡變故，愛別離苦。

雖然銀樓事業因戰爭停滯，但富三代李俊渠在台灣的生活還保有基本的優渥，民生西路200號華屋，出入黑頭轎車接送，吃的是山珍海味。李家長輩於新春時節總喜歡領著一大家子前往龍山寺、關聖廟祈安納福，燈燭熒煌，人流不息的盛況，總讓父親萬分思念家鄉漳州獨特的娛春會。

李俊渠回憶，父親長期胃口不佳，身形日漸瘦削，對食物興趣缺缺。唯獨母親烹調的上乘漳州滷麵和漳州炊蛋家鄉味，可連吃好幾碗。這兩道漳州人的靈魂食物是母親在大陸巨宅親獲祖

祖母持家有方。

媽媽秀外慧中。（李俊渠提供）

母真傳的私房手藝，再把道地烹飪秘訣傳授給李俊渠的客家妻子梁春華，兩代都未失傳。

一碗濃稠剔透的滷麵和耗時費工的鄉味蒸蛋，散發著鮮甜的故鄉記憶，總讓滯台未歸的父親面露笑容，暫解思鄉之苦。

每逢佳節倍思親，童年情景宛然如昨，但一切再也回不去了。孝順就是陪在長輩身邊傾聽往事，講好多遍，重複又重複，但是，李俊渠都專心聽，也發問討老人家興致。「思親不得見、相憶空餘憾，彼岸的黃金屋已然淒冷，」親愛的家人日漸凋零，離合聚散成為後半輩子必須的面對……。

孱弱的李炳芬於一九九四年與世長辭，留下大量手書，滿紙皆思親之情。每逢忌日及節慶，妻子都會端碗漳州滷麵和蒸蛋供祭，讓在極樂世界的故人，永恆品嚐回味。

李家銀樓為首選，生意蒸蒸日上

思緒拉回一九三二年家鄉淪陷，舉家避亂廈門，兵災四十天，漳城財物被洗劫一空，祖父的天華銀樓自此走入歷史。剛滿十八歲的父親李炳芬奮發圖進，努力籌畫天寶銀樓，業績再度鼎盛，商場恢復聲譽。只無奈，命運再度試鍊，一九三七年七七抗戰烽火連天，漳城飽受日軍轟炸與蹂躪，李家只得慌忙舉家疏散到華安縣境，損失甚巨，直到盟國一九五三年參戰，天寶銀樓得以重新三度復業。

戰爭之禍，一方面百業凋零，另一方面卻讓漳城地處沿海的內陸轉運中心各業繁榮，抗戰期間通貨膨脹、物價升高，常以黃金代替通貨，銀樓業務因此更為昌旺，第二間寶慶銀樓擴展，於漳城的熱鬧市井開業，高端買賣盛極一時。

含著金湯匙的李俊渠出生時，正是銀樓家業最輝煌之際。（李俊渠提供）

雖然銀樓林立，但李家童叟無欺的誠信經營獲得鄰里支持，訂親、彌月、結婚等各種人生大事所需金飾，李家銀樓為首選，生意蒸蒸日上，「李家因此成為彰州首富。」李俊渠說。

撤至台北，大陸事業付諸東流

一九四五年，含著金湯匙的李俊渠出生之時，正是銀樓家業最輝煌之際，子孫中，他特別受到祖母寵愛，有次意外染上惡疾，祖母不計代價購買稀有的盤尼西林針劑，將在鬼門關前的金孫救活，從此更加呵護備至。

李炳芬事業有成，廈門總公司在各地拓點經營海內外國際貿易，一九四七年，經由特殊管道帶著五百兩黃金渡海來到台灣延平北路開設分公司，頻密往返於兩岸三地間。兩年後，為樟腦滯銷問題取道香港轉赴台灣處理，原預定停留一、二個月事情即能完滿回程，不料一拖再延，竟拖延到七月，這時候，戰亂頻仍，上海淪陷，總公司全員只好匆匆撤至台北，大陸事業付諸東流。

祖母眼見時局艱困，暗用金條換來兩張珍貴的逃命機票，急遣媳婦郭玉笙帶著四歲的李俊渠搭機赴台避難，從漳州到廈門機場，顛簸了一小時的車程，沿路看到戰爭景象。

祖母親自送別最疼愛的金孫，一路上淌眼抹淚，萬般不捨，到了機場，祖母小心翼翼將一大籃五十顆生鮮雞蛋託付給母親收好，叮囑到台灣後要每天給愛孫吃一顆，補充營養。

明知雞蛋易破，可能無法如願帶上飛機，母親仍收下了一整籃祖母疼愛孫子的心意，並遵循祖母指示，用胸帶偷縛著幾塊金條，帶著四歲的李俊渠，搶搭最後一班飛往松山機場的飛機，自此與故鄉道別。

時局更加紊亂，事母至孝的李炳芬替妻兒申辦旅行臨時證明，設法將滯留大陸的母親接到第三地團聚，當時一家子已取得外交部核發的旅行證，但正要啟程時，卻無法出境，家鄉最熟悉的一切關進了鐵幕，從此與親人兩地分隔，生死茫茫。

無可避免淪為批鬥對象

一九五一年，大陸開始慘絕人寰的鬥爭運動，資產階級須在三個月內繳納所有黃金美鈔，曾為漳州首富的李家，金銀財寶滿室，無可避免地淪為批鬥對象，即使將黃金私藏糞坑、土牆和水溝下，仍被一一挖出充公，李炳芬五妹李月還因不堪受審折磨而精神崩潰，上吊自殺，悲劇傳到台灣，眾多親人不禁掩面痛泣。

縱使局勢險惡，李炳芬也未放棄與大陸親人聯繫，透過香港友人林贊水每個月轉寄三千港幣接濟家人，但求平安無災。一九五八年，掙得荷蘭皇家飛利浦電子公司的台灣代理權，成為永康公司董事長，但創業維艱，生意數度瀕危，幸得朋友增資度過難關。

一九六二年，對岸傳來母親死訊，滯台無法奔喪的李炳芬萬念俱灰，沉迷於京戲、武俠小說和麻將，在方城之戰揮霍萬貫家財，也因始終認為能夠反攻大陸，從沒在台置產，一家子居無定所，前後搬家八次，幸而賢良的妻子不離不棄，用愛感化懷憂喪志的夫婿。

看著年幼的孩子，李炳芬力圖振作，再造銀樓事業二春。「人生若白駒之過隙，忽然而已。」子承父業的李俊渠悠悠說，長短與苦樂其實都是如夢泡影，寬心看待。

返鄉祭祖，李俊渠為先人掬一把土。（李俊渠提供）

護送老兵骨灰歸故里
一個都不能少

高秉涵

執著於理想的「憨」人，只要覺得是正向善良的，就不畏艱難前進。

四十四公斤的體重聽來瘦得離譜，卻還要雙臂扛起大理石骨灰罈，越過遙遠的海峽回到故土，可以想見，他的背已駝到什麼程度。

然而，受託的每個骨灰罈安全送到，一個都不能少。

（高秉涵提供）

石榴開在初冬，離家的那一天，寒意已濃，高秉涵穿上媽媽補過的厚重破棉襖，心裡微微不安，此去經年，山高水遠，不知何日再見。從十九到九十，輾轉幾十年，日子真的一眨眼過去。那天還像昨天，竟然已從少年到老年，青絲變白頭。

想辦法活下去，媽媽等你

穿越死亡幽谷跫音隨時竄起，彷彿尋常過著日子，但猛一瞬間，望向天上白雲、一碗熟悉的麵，晨間散步的林間，或一個曾經一起走過的景點，「媽媽已經不在了！」驀然浮上心頭，一陣酸緊，一陣昏眩，淚就禁不住流下來，母子短暫的情份竟如夢泡影。

回想一九四六年，離家隻身前往南京流亡學校，高秉涵在父親墳前磕三個響頭後，媽媽巍顫顫反覆又反覆叮嚀：「兒呀，無論碰到多大困難，都要頂著，要想辦法活下去，媽媽等你，等你活著回來。」一記著娘親這句錐心話語，高秉涵逃難吃盡苦頭，也不放棄活下去。

苦難時節，必須靠勇氣與信念撐住。高秉涵和同學搭上馬車，依依不捨回望，故鄉越來越遠，臨別前，裹小腳的姥姥摘一顆石榴給他，高秉涵忍不住馬上吃了起來，這時，同學們指著前方對他說：「看，你娘跟你打招呼呢！」只因多咬一口石榴來不及，再抬頭，馬車已拐彎上路，從此再也沒見過母親，錯失道別，心中的憾意與日俱增。

高秉涵這輩子再也不吃石榴了。

塵世如幻、人生若夢啊

遙記那貧寒童年，媽媽經常為了生火煮粥，搞得滿臉黑漆麻污。生不出火，叫天天不應，就坐在地上暗自飲泣，擦乾眼淚後，再接再厲。生活再多波折，有等著自己前行。

媽媽本性開朗熱情，但是生活的挑戰和失望使她變得敏感疲憊，卡在人生易逝的悲傷境界裡重擊中求生，蒼涼又悲壯，如今媽媽在大陸過世，終於得到解脫了，悲哀煙消雲散。

塵世如幻、人生若夢啊！幸福已崩解，停止住傷痛這一生不可能。只能提醒自己，

1
2
1. 此去經年，山高水遠，不知與母親何日再見。 2. 第一次返鄉探親時，高秉涵與爺爺相見不相識的鏡頭。（高秉涵提供）

黯然接受媽媽已經永遠離開的殘酷事實後，默默回想不捨，懊惱、追悔與自責，「子欲養親不待」，再多的追悔也追不回一分一秒，只能抱憾為媽媽鋪妥前往另一個世界的路途。

救命兵的帽子繡著共產黨徽

時光回到國共分裂的一九四八年，在家鄉創辦新式小學的父親在動亂中被槍殺，母親察覺到不安危險的氛圍，要十三歲的高秉涵趕緊離鄉避禍。連夜為他縫製的圍巾，到現在還珍藏在箱底。

媽媽當時還千叮嚀萬囑咐，要他跟著帽子上有太陽的部隊走，千萬別跟著五星共產黨；可是，一位共產黨員卻救了自己一命，內心矛盾，幾十年無法解開。

那是逃難途中，渴極餓極，一位士兵正舀了一勺稀飯準備入口，不小心跌了一跤，滾燙的稀飯就灑在高秉涵腿上。沒有醫生，沒辦法治療，幾天之後，水泡破了、成群蒼蠅跟著他，開始發高燒，腿腫得跟冬瓜一樣粗，傷口爬滿蛆。

高秉涵只記得自己萬念俱灰：「真的活不下去了，我真的想死，活不下去了！」就在生無可戀想要結束生命時，遇到一個揹著紅十字包包的少年兵，拉著他，幫他把腿上的蟲子沖掉，然後用救急包處理傷口，「痛不痛？」少年兵還溫和問他。

高秉涵看著救命兵的帽子，竟然繡著共產黨徽紅星星……。

強烈的無力感與同理心

好不容易輾轉逃難到台灣，因為無處可庇護，高秉涵只能睡在台北火車站，沒有食物，拿著棍子和野貓野狗搶食，和乞丐沒分別。同鄉好心人伸手援手，才半工半讀唸完中學考上國防管理學院法律系，當上軍法官，審理的第一個案子，是一位金門士兵，在值勤站崗時，冒險抱著一個輪胎，試圖游過海峽到對岸的廈門。他想要帶回當年被抓兵時，懷裡揣著要給母親治病的藥。

情治高張，肅殺的戒嚴氣氛下，這種案子只能判處死刑。高秉涵惻隱之心油然而生，想想自己的遭遇，完全能夠同理士兵思親的孝行。一個盼望探視病重母親、思念家鄉的人為什麼有罪？為什麼只能被判死刑？強烈的無力感與同理心，讓他毅然退出軍界。

執著於理想的「憨」人，只要覺得是正向的，善良的，就不畏艱難前進。

兩岸開放後，高秉涵曾到廈門四處找尋逃兵的母親，想幫助她做些什麼事，只是那位母親早已搬離住所，多方打聽也沒尋到。

完成落葉歸根最後一里路

離開軍界時間充裕，高秉涵開始付諸行動，實踐早已計畫多年的善行，以法律專長擔任多年同鄉會會長，和老哥哥、老姐姐一起照顧榮民，付出幫助與心靈慰藉。歲月殘酷，相處有感情的榮民老伯逐漸衰老，盼著兩岸破冰卻未見曙光，深恐等不到再回到故鄉那一天，只能在油盡燈枯時，操著鄉音託付高秉涵，將來有一天如果能夠通行無阻，一定要把他們的骨灰帶回老家，「生要見人，死要見墳。」滿懷澎湃，完成落葉歸根最後一里路。

「大家都是離散之民，漂泊之人，我能做的就全力去做。」時間不等人，當真正

1/2 1.2. 長途跋涉，完成落葉歸根最後一里路。（高秉涵提供）

1/2 1.2. 歲月長河中，多少滄海桑田。（高秉涵提供）

可以返鄉時，高秉涵帶著承諾與理解，實現一個個思鄉念親的囑託，讓老哥哥們安心闔眼。隻身來台無依無靠，也因缺營養而轉不成大人，一輩子瘦瘦小小，好像十五歲後就沒再抽長個子。四十四公斤的體重聽來瘦得離譜，卻還要雙臂扛起大理石骨灰罈，越過遙遠的海峽回到故土，可以想見，他的背，已駝到什麼程度。

然而，受託的每個骨灰罈安全送到，一個都不能少。

受人之託，忠人之事。責任是沉重的，心情卻愉悅，每趟旅程都是考驗，也都是驕傲。就這樣二十多年過去，從不間斷，高秉涵默默護送超過一百位老兵的骨灰回到家鄉，最遠到達甘肅、新疆，長途跋涉，只為老榮民魂魄有了依歸與安頓。

往大陸演講，許多大學生問他愛大陸和台灣哪邊多？他笑著反問，「你愛母親多，還是父親多？」對高秉涵來說，生在山東，安身於台灣，大陸和台灣都是他的母親。

5 頂方帽子，高秉涵重視兒女教育，培養他們成為社會中堅。（高秉涵提供）

協助游擊隊屢建奇功

韓鼎洛

被八路軍用槍指著額頭怒吼，「你就是娃娃兵，我要槍斃你。」驚恐的那刻起，韓鼎洛暗中立誓，「我這輩子和共產黨不共戴天之仇。」共軍陳賡統帥四萬大軍，在洛陽展開全面攻擊，慘絕人寰的炮火，鎮日不歇。

韓鼎洛暮年之時，與共軍對峙的往事，清晰如昨。

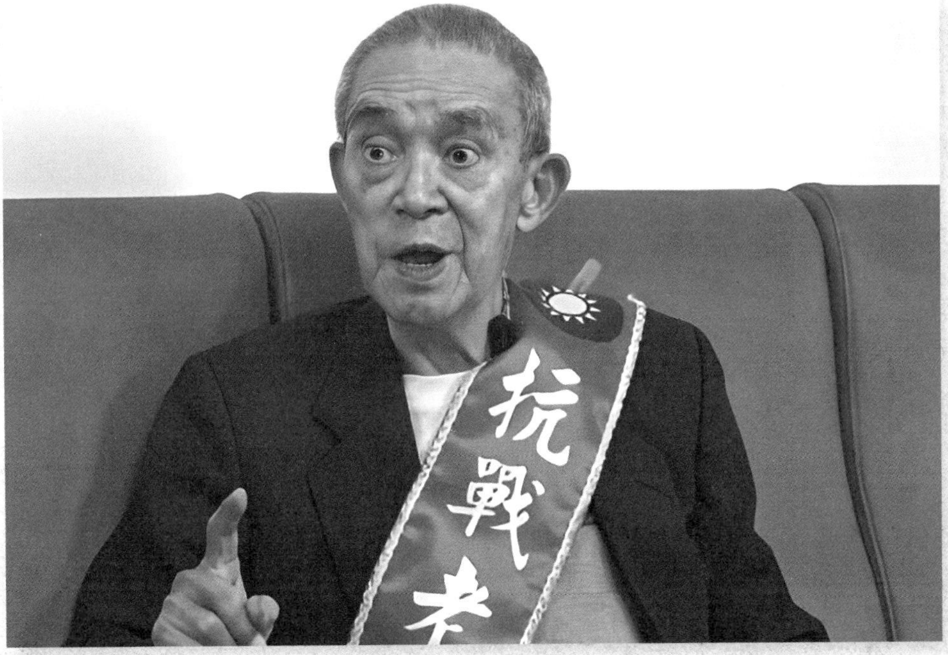

光陰迴盪，想到過去的九死一生常在夢中驚喜，胡亂的呼著一些逝去的名字。韓鼎洛高齡九十歲了，眼前的敘述也許含糊，但被共軍俘虜的往事，每段細節都清晰。

森冷的槍口垂下，又過了一關

被抓住時還不滿十八歲，一名八路軍用槍指著他的額頭怒吼，「你就是娃娃兵，我要槍斃你。」這一吼，四合院其他二十幾口人都噗通一聲跪下來求情，韓鼎洛顫抖的遞出學生證，八路軍一把搶下來，撕成兩半。韓鼎洛見到森冷的槍口舉起，又慢慢垂下來，知道自己又過了一關。

從驚恐的那刻起，韓鼎洛暗中立誓，「我

戰壕中的勇士，枕戈待旦。

這輩子和共產黨不共戴天之仇。」那是一九四八年三月，共軍陳賡統帥四萬大軍，在洛陽展開全面攻擊，慘絕人寰的炮火，鎮日不歇。

八路軍於洛陽激烈巷戰，一枚手榴彈就在韓鼎洛面前爆炸開花，瞬間奪走視力與聽力，四肢也受損。好不容易視力漸漸恢復，右耳聽力卻每況愈下，為求自保，有一次脫下軍服躲到民家避難，屋外槍聲大作，一顆子彈不偏不倚飛來，瞬間削去韓鼎洛一綹頭髮，血流滿面，至今痕跡猶存。

「真的，只要再偏一公分……」韓鼎洛直呼好險。

寄人籬下，溫飽已不易

韓鼎洛在河南省洛陽出生，祖父家有良田近千頃、房屋數十幢，生活優渥，只因兩次土匪闖入，才使韓家全都亂了套。土匪上門收刮財物，還盛怒放火燒韓家，房產證明與地契也付之一炬，從此生活陷入絕境。

另一次，韓鼎洛十歲時父親乘船出門做生意，不幸身染瘧疾，船家乘人之危，與土匪勾結搶劫，把韓鼎洛父親丟到水裡，任其溺斃。

至此，韓家已無立錐之地，等到十二歲韓母撒手人寰，韓鼎洛就成了孤兒。寄人籬下，溫飽已不易，舅舅不願幫他交學費，洛陽師範學院成為他別無選擇的唯一，勤學且好強的韓鼎洛一試即中。伙食費仍沒著落，每到中午得越過洛水，步行十五里的路回家吃飯，幾次太疲累險些在路旁暈倒。

日軍惡行惡狀，讓韓鼎洛受同學父親身為游擊隊司令的感召，十五歲投身抗日，負責情報蒐集，洛水守候，日夜回報日軍動向。

這段期間，韓鼎洛協助游擊隊摸走日軍哨所多處、破壞部分軍事設施，屢建奇功。「要和鬼子混熟，還學了日語，方便打探消息，好險都沒被識破。」韓鼎洛笑著說。十八歲時他在洛陽考取青年軍，隨206師經鄭州，乘隴海鐵路過開封，在徐州轉津浦鐵路，一九四八年至南京整訓。「能來到台灣真的太幸運，離家時身上僅剩三碗陽春麵的銅板，還跟不上206師的腳步，落後一大截。」

洛陽血戰倖存，韓鼎洛卻與青年軍走散了。幾經波折到了徐州，獲悉青年軍在幾個小時前才離去，多日未進食，萬念俱灰的倒臥在路旁。一陣刺耳煞車聲響後，一傳令兵跳下軍車喊道：「擋啥路啊！存心找死麼？」車內端坐上校與家眷一干人，皆衣冠楚楚，欲往南方避難。反觀自己蓬頭垢面、狼狽不堪，心中不禁一陣酸楚，只覺同為國家犧牲奉獻，待遇卻天壤雲泥。

等不及話別，步下高雄碼頭

舉家避禍的人實在太多，車票供不應求，韓鼎洛只能逢人磕頭苦苦哀求上車，頭都磕出血了。一輛徐州開往南京的貨車上有好心人見狀，騰了位子給他，才得以揮別徐州。

回憶在貨車內的情景，心還抖抖的跳，「那是散裝貨物的敞車，一顛簸，站不穩的人就被甩出去。」車內空間狹仄，有人站在連接車廂的詹天佑掛鉤上，腳一滑，下一秒就被無情的車輪吞噬，連叫都來不及；過山洞時因隧道太低，伏在車頂上的人走避不及，就讓洞壁削去腦袋，紅的白的濺了旁人一身。

之後至南京整訓多日，韓鼎洛誤信傳言：「想讀軍校須得唸完高中」。他旋赴家鄉洛陽，卻遇見共產黨滲透的中學同窗，鼓起巧簧之舌：「別回南京了，加入我們吧，咱以後就是幹部，共享榮華富貴。」但遭韓鼎洛斷然拒絕，等不及與家人話別，他又匆匆趕往上海與殘存兵師會合，沒有跨年時的歡欣期待，在一九四八年冬天，韓鼎洛步下高雄的碼頭。

改革開放，踏上魂牽夢縈的故土

初抵叫做「寶島」的台灣之南，路上行人穿著木屐，低矮木造房子近似日本，街道異常整潔，說著聽不懂的閩南語與日語，這是韓鼎洛下船後對台灣的觀察。比起大陸當年處處餓莩，台灣領先大陸不能以道里計。韓鼎洛深感慶幸：「我相信，人生這一步走對了。」

薄暮時分，炊煙裊裊，眷村婦女攜著爐火煮飯，一家人聚攏在小小的收音機前，豎起耳朵，聽王藍的「藍與黑」，鹿橋的「未央歌」，禹其民的「籃球情人夢」，還有馮馮的「微曦」，踩過遷台的光陰故事。韓鼎洛還記得村落那窄窄的巷口，一戶緊挨著一戶，密密麻麻像蜂巢，木造平房，房簷低矮，泥巴糊起牆壁。每當下大雨端臉盆接小雨，颱風天，狂風吹走屋頂，全家人瑟縮在牆角發抖。

遷台後在軍中服務三十六年，其中讓他引以為傲的，莫過於擔任金門政戰官員期間，將我方與中共的心戰宣傳品在戰地公布周知，不僅揭開過去神秘的面紗，促使對岸官兵對台灣的自由進步有更進一步認識，更巧妙將心理戰一改由過去的「守勢」轉為「攻勢」。

改革開放多年後，韓鼎洛踏上魂牽夢縈的故土，回報他的是鄉民的冷漠以待，原來離家後，連年飢荒與鬥爭幾乎將熟悉的人悉數帶走，這時方覺此處已是他鄉，毋須留戀，後來也再未踏入大陸一步。

許多友人移居美國，生活愜意，鼓勵他前往，但韓鼎洛認為在美華人被看做「五等公民」，只有台灣才是他的根，於是堅辭不就。日本NHK電視台亦曾專訪韓鼎洛，他面對鏡頭不假辭色，細數日軍侵華惡行：「你們真的壞透了，我最痛恨就是日本人。」其赤心忠膽，恰與身上的鮮紅綬帶，相互輝映。

1/2

1. 遷台後在軍中服務三十六年，擔任金門政戰官。 2. 身歷戰爭，細數日軍侵華惡行。（韓鼎洛提供）

畫下金門空戰神秘數字

黃永阜

天方破曉，晨曦穿雲而出，黃澄澄的天光透過窗帷，閃爍在醒來的渾然。彩虹爺爺黃永阜已經百歲了，睡眠越來越短，晚上越來越長，這兩年體力不支總是破「功」，由不得自己的必然遲暮，讓單薄的肉身驚人衰頹，手腳不再利索，五感加速遲鈍，無奈地放下畫筆。

說到「功夫」，臥床行動不便的黃永阜一聽到就馬上擊掌、出拳，眼睛瞪得牛鈴大，比劃起中國古拳法，只差沒從床上跳起來。「李小龍三歲，我六歲打功夫。」他喃喃說著，一九二四年（民國十三年）出生在香港九龍的童年和李小龍比鄰而居，兩個渾小子組成一部武打片，以拳腳相交，鋪陳老頑童未來不按牌理的端倪。「小」小龍愛在黃家的米糧臘肉乾貨鋪鑽來鑽去串門子，黃媽媽雖顧店忙翻，卻還是抽空抱抱小龍，親暱如母子，「李小龍叫我叔叔，他和我媽媽很親。」兩個年齡相仿的過動兒，打翻了糖罐，踢倒了米缸，還在牆上塗塗抹抹，自己的臉也變小花臉。乾貨老闆娘重新擺好，接受小孩頑皮搗蛋的本性。

以「彩虹爺爺」聲震全台

揮別香港懵懂童年，從軍後隨部隊遷台進入百歲高齡，長串的歲月悄聲划過暮年之際，黃永阜竟無心插柳以「彩虹爺爺」聲震全台，還紅到海外。他皺著眉說：「遊客吵得我沒辦法睡覺。」對紅不紅無感，大家愛拿手機拍就盡量拍個夠，他彎腰畫自己的，瞇著眼，用越來越弱的視力，畫出繽紛童趣。

爆紅的開始，是因嶺東和弘光兩所科技大學師生的驚豔，一面發起搶救彩虹村運動，一面向政府申請保存，網友熱烈響應而留住這筆意外的文化資產，也改寫了彩虹眷村的命運。國際知名旅遊指南Lonely Planet評選它為「世界的秘密奇蹟」，幾百萬眷粉風靡而來，打卡拍美照絡繹不絕，老師帶著來小學生戶外教學更是滿村瘋跑，一邊大喊：「彩虹爺爺在哪裡？」

彩虹眷村建築地景

彩虹爺爺故事的起點在干城六村彩虹眷村25號。黃永阜軍中退休後，先後到台中工業區和一所大學擔任警衛長達十多年，再用一點點積蓄買下緊鄰眷村，視它為安享餘年的終老之地。

哪裡料到，隨著二〇〇〇年啟動的眷村改建計畫，住戶們陸續搬遷，二〇〇八年（民九十七），八十四歲，垂垂老矣的黃永阜眼見時常串門聊天的榮民弟兄不是搬遷遠走、就是凋零，百感交集，開始在地面牆壁畫畫解悶抒懷，度過無法入睡的長夜。「眷村太太罵我破壞環境，路邊小孩也罵我亂塗。」別人怎麼罵，他都不理會，只是埋頭苦畫，晝夜不停，「我不睡覺的，你睡我不睡。」

深夜的馬路上，就見一個孤獨的身影揮舞著天分異常的彩筆。太狂了，無可避免地引來異樣眼光，黃永阜卻當沒看見，繞著眷村揮灑靈感，「我每天看報紙副刊，副刊有什麼，我畫什麼。」李小龍、林書豪、楚留香、小鳳仙、張菲、豬哥亮、胡瓜、蔡琴、劉德華等知名演藝人物，還有大陸送來的貓熊團團圓圓，都成為奇特的創作素材。

如今，台中南屯春安里眷村的斷垣殘壁已在修復。「彩虹眷村歡迎您」的招牌，猶於懷舊中發出一束光，讓大家記得，充滿童趣筆觸的豔麗塗鴉曾經照出眷村最後亮度，在現代化高樓吞噬的都市叢林中，形成一方突兀的彩色建築地景。

走過千山與萬丘，打開記載著往事的歷程，情緒頓時有了波動。黃永阜說，一九四九年，二十五歲響應「十萬青年十萬軍」號召，和廣東同鄉結伴到海南島從軍，再隨國民政府轉進台灣，在高雄港下船被編入空軍傘兵部隊，到屏東進行傘兵特戰訓練。

從小講廣東話的黃永阜，來到台灣屏東林邊受訓聽到不同的語言。當地人跟他打

1 1. 彩虹爺爺與洪通同被歸類為素人藝術家。 2. 春安路 56 巷 25
2 號是彩虹爺爺的住屋，台中市政府將之保存。

招呼：「呷飽無？（閩南語）」到了枋寮、水底寮變成「食飽否？（客語）」遇到原住民，「他講啊哩嘎豆啊哩媽誰，我聽不懂……他們又化妝（黥面）……」台灣話、客家話與原住民族語，不同語言的切換，讓他對台灣的多元方言感到新鮮與趣味，也很快融入在地生活。

天天記得金門古寧頭

金門駐防最深的記憶是八二三砲戰。一九四九年，金門擁進遷台十萬大軍，兵凶戰危開始戒嚴，街頭出現民防自衛隊，田地建起陣地和碉堡，古厝牆上多了反共標語，住家騰出供軍隊駐防。

從軍服役的阿兵哥春節過年、清明掃墓、奔喪才能搭乘二十多小時的LST中字艦返鄉，黃永阜當年帶回台灣的金門菜刀，是用中共砲彈殼打造的。

轟隆聲鑽進耳朵幾十年，黃永阜忘不掉那「鏘鏘鏘噠噠噠碰碰碰轟轟轟……」的慘烈，口中開始模仿起炮火聲說，部隊只能暗無天日的躲在碉堡裡，否則就被無情的炮火擊中，「打仗到後來，晚上沒有睡覺、沒有飯吃，只配給一塊口糧。」戰爭太殘酷，死亡靠得好近，他當然害怕。見同袍倒下而自己成為戰爭的倖存者，黃永皐在炮火已歇的和平時刻，再踏金門，穿軍服的戰地男兒，就彷彿看見當年的自己。

碉堡共患難培養出革命感情，生死與共，命運攸關啊！「最要好的同袍像兄弟一樣，有東西就分著吃，」黃永皐邊說，邊把餅乾掰一半分食，重現永留心中的隆情厚誼，「最照顧我的同袍兄弟卻死掉了，戰死了，我好難過。」嘴裡不斷囈語著：「死好多人啊！聽說陣亡兩萬多人，我相信有這麼多。」

戰爭的夢魇從未遠離，「我天天記得金門古寧頭。」那戰場的煙硝，炮聲隆隆之下，能心平氣和的，彷彿自己無事的過著太平日子嗎？「發動戰爭的侵略者對陣亡者和倖存者，究竟要怎麼樣謝罪才足以讓後代子弟翻過這慘痛的一頁？遺忘還是原諒？」

這是黃永皐日後在眷村畫下「金門空戰，46.1.3、48.6.2」兩組神秘數字的由來。思念同袍的深度沒辦法比較，有誰深得過自己嗎？那段時日，不敢走，不敢看，不敢想……有關同袍走過的路，看過的風景，吃過的食物，都不敢碰，回顧相處的時間簡史，生離死別太沉重。

逃過八二三砲戰劫難的，一九五七年，黃永阜與同袍在飛行途中又險遭不測。出任務的飛機發生狀況即將墜機，他緊急跳傘在金門料羅灣獲救，昏迷了六天才甦醒，雖然摔斷了手臂，獨留自己大難不死，同機的四位同袍全都喪生。

黃永阜被送往澎湖養傷，再轉回台中太平鄉服役，空難跳傘傷勢有嚴重後遺症獲得高額補償金，卻也限制了日後仕途的晉升發展，因此在新兵訓練中心擔任行政文書官和教官，直到一九七四年退伍，結束了將近三十年的軍旅生涯，回到社會當老百姓。

歲月皺紋和眼裡滄桑

民族流亡遷徙，上一代生死離散，苦等回鄉，和埋骨叢林、未被遺忘戰友在忠烈祠外鞠躬一見，沉默中一生耗盡，歲月已不堪回首。黃永阜雖然曾經回香港探親，也把母親接來台灣短期度過島上生活，但始終隱藏著許多人子未盡孝道的複雜心緒。他摸摸肚臍，那是和母親相連的地方說，母親活到九十四歲高壽過世，自己卻沒有趕赴香港見到最後一面，只由弟弟轉述入土為安的消息。「自己官餉才領一點小錢，也沒有升官，連房子都沒有……」喃喃自語中，對一生無成就來榮耀父母及照顧胞弟感到無限愧疚。

瞧著自己如今的垂老，不正是雙親當年在香港重逢的白頭模樣嚒？百歲高齡的這位老頑童，彎著佝僂的身軀勉強起身，像是倒帶人生般訴說放得下，也丟不開的往事，是懷念故人的傾吐。「爸爸媽媽，我沒有死掉，原諒我不懂事，跑來台灣當兵……」堅持離鄉從軍的那份任性，再萬般懊悔遺憾也喚不回兒時親情，只剩下歲月皺紋和眼裡滄桑。

基於現實的商業與著作權的種種原因，黃永阜如今在彩虹眷村已久不提畫筆，「世間好物不堅牢，彩雲易散琉璃脆，」終究年歲已高，感覺天上的父母就好像在穹頂慈愛的看著下方塵世的自己安慰道，「放寬心吧，孩子。」老邁病弱本不可逆，橫在前的餘生容不得恍惚惶惑，磨磨蹭蹭任性揮霍。

內心世界翻騰不安，除了沉默，還能怎樣呢？彩虹爺爺當然有想繼續畫下去的渴望，畫出夢鄉與故土，但時不我予，大時代的命運交響曲已近尾聲，自己也是百歲人瑞，那些說了再說，似清晰又遙遠的憶鄉情懷，只能留在也揚著彩虹的異想國度裡傾吐。黃昏最後的餘光，瞬間沒入黑暗。

輯二

女性命運
豐沛之思

烽火下的美聲
兩蔣喚她白銀小姐

白銀

主持中廣「快樂兒童」，白銀阿姨桃李滿天下，除了宣讀中央重要文件，還是兩蔣和蔣宋美齡的隨行代讀。全民崇拜，鐵粉遍及各階層，扎扎實實塑造一個美聲世代，卻曾經涉及恐怖的匪諜案，險象環生差點就冤獄終身。頂著一頭飄飄銀絲回憶到此，餘悸猶存。

（白銀提供）

海風夾著汽油味吹向甲板，白銀感覺到一股鹹氣。搖晃在茫然晝與夜的一九四九年。她還新婚，嚮往著兩人共築新世界，炮火竟然突如其來，轟向難以預知的未來。

那時，絕不知道自己能帶領台灣打造一個美聲世代。「播音員用盡洪荒之力高聲恭讀總裁訓詞，太用力念不上去，嗓子還啞掉發不出聲音，我卻越唸越響亮。」白銀比手畫腳地說起北京老話，帶著一絲自嘲形容，「其實就是老天賞自己飯吃」。兩位蔣總統和夫人都自知鄉音濃重，讓台灣人聽來費勁，於是搶著指名白銀隨行代讀文件。蔣家人喚她白銀小姐，蔣夫人叫她白同志，社會大眾則尊稱她為白銀阿姨，成為蔣家御用固然身分尊貴，但中廣與央廣還是得兩邊軋班，盡職擔任專業播音員。

顛沛流離踏上寶島

這位全民崇拜，鐵粉遍及各階層，扎扎實實塑造一個美聲世代，又被台灣領導人重用的廣播泰斗，卻令人意外的曾經牽涉恐怖的匪諜案，險象環生差點就冤獄終身。頂著一頭飄飄銀絲的白銀回憶到此，餘悸猶存。訪談的二〇二二年，她身子骨還算硬朗，只是畢竟年歲大了，膝蓋經常使不上力，起立坐下得費點勁，不過說起話來，美聲依舊，嗓音不見老人常有的黏膩沙啞，十分甜美圓潤，一時興起，起身提飽氣，音高八度唱起《妝臺秋思》，隨著樂曲流瀉，一雙眼，頓時閃起讓人不易察覺的淚光。

過往太多苦澀回憶，湧上心頭就情不自禁的逼出眼淚。許多人許多事，像真珠一般散落在時空裡，直率而明亮，面對生命中的橫逆不順，很有種安天知命的無奈。

一九四九年，白銀之所以和夫婿從南京搭上大江輪來到台灣，是因為看到爺爺的大衣櫃鏡子上貼著一張世界地圖，地圖上有處形似蕃薯的彈丸之地，正是第一次好奇的台灣，雖然遙遠又陌生，但夫妻倆決定跟著孫立人軍隊搭上大江輪前往小島台灣，原先想法很單純，「我會唱歌啊，謀生應該沒問題。外面世界挺有趣，我要去走走。」

白銀歌唱得好，源自父親在東北家鄉打理戲園子，從小耳濡目染，從東北蹦蹦戲到河南梆子，再到後來的北平京劇，隨口都能哼上兩句。體型矮小底氣卻足，嗓門特別高昂，沒有麥克風也能摁著胸脯拔出高音。「我就是矬老婆高聲！」

一心嚮往外頭的遼闊無邊，哪料到卻遭遇漫天烽火，顛沛流離的踏上寶島後像隻躁動的籠中鳥，無法展翅飛翔，「浮沉年代，能擠上逃亡潮，已算少數幸運者。」三天船程，所有軍民都在甲板上晃悠的吃和睡，漏夜急駛終抵基隆，這個北台灣時刻陰鬱的雨都，向白銀預告著緊接而來的夢魘。

簡單四個字卻惹來大禍

輾轉在國防部女青年大隊擔任上尉音樂教官，好嗓音派上用場，正準備迎接新生活，未料某個深夜，兩卡車憲兵包圍了宿舍，氣氛肅殺。「好像說我家藏有什麼重大武器！」一大群人翻箱倒櫃，搜出一封自中國大陸寄來台灣的家書，親人原本稀鬆平常的紙間思念，卻始料未及的被冠上反動文字大帽子，飛來橫禍。

「那不過是三姊給我寫的普通信，我才十幾歲嘛，那想到那麼多。三姊只是說服我『回家來吧』，沒想到簡單四個字卻惹來大禍，憲兵拿著這封信說我跟大陸有秘密聯繫，是匪諜。」惴惴不安的年代，連想家都成為罪名，戒嚴時期，再多辯解都無濟於事。白銀連同夫婿和多名女青年大隊學生遭到逮捕，一起被帶到陸軍總部鳳山看守所拘禁羈押，兩度被提問審訊，要她趕快承認自己是匪諜。

世上一場大夢，人生幾度秋涼。她當然害怕，總不能無中生有吧，「先生大我十幾歲啊，他們就認定我是藏在他背後的一個間諜！」威權體制下，花樣年華變調，白色恐怖降臨。「被問到犯行若不承認，那要受刑！劈哩啪啦打嘴巴，一個女青年隊學生受審被送回來，臉都腫了，而且是兩人把她抬回來的，我嚇死了！」

幸好逃過一劫，殘酷的審訊沒發生在白銀身上，拘禁地點從鳳山轉到台北一間休養所。「我只能整天都看天花板發呆，不知道怎麼辦才好。」人生頭次大遷徙，從出生地東北，跨過黑水溝，來到寶島台灣，以為未來是嶄新一片，怎知竟墮入無盡的闇暗。

白銀是回族人，回教徒不能吃豬肉，戒嚴監獄日常不見光，更遑論顧及囚徒宗教信仰，她只能拔下脖子上一條金鍊，換來一大桶雪裡紅炒牛肉，裝在奶粉罐裡，吃完一罐子，等於吃掉三條金鍊子，終於被告知即將獲釋。「監獄規定犯人不能發出聲音，可我一聽到自己將要放出去，還是忍不住大聲地哭，把恐懼發洩出來。」淚水就像輕按下的閘門開關，瞬間狂瀉而出，這一哭，足足三天，人生眼淚一次流盡。

出獄後，始料未及的戲劇性轉折，厄運結束，好運降臨。民國五十七年八月二十日，白銀當選第三屆十大傑出女青年，一場在三軍球場上演的戰鬥晚會，客串主持人的白銀幸運被總政戰部主任蔣經國慧眼相識而發掘，將她調往政戰學校負責清晨六點鐘播音，「五點多鐘我就騎著腳踏車出門，我一個沿路啊～練發聲，全校師生聽到我在唱歌，就知道，起床號要響了。」

將近八年，白銀就這樣認真地往返復興崗電臺與幹校音樂系教室之間。練播音也練聲樂。「我沒有什麼學歷，我就很上進啊，要聽別人播的什麼樣子，可是有一樣我比他們好的是說，你現在聽我聲音，不像八十幾歲的人，我學聲樂的，一說話肚子就動，我是丹田發聲，不會啞掉。」

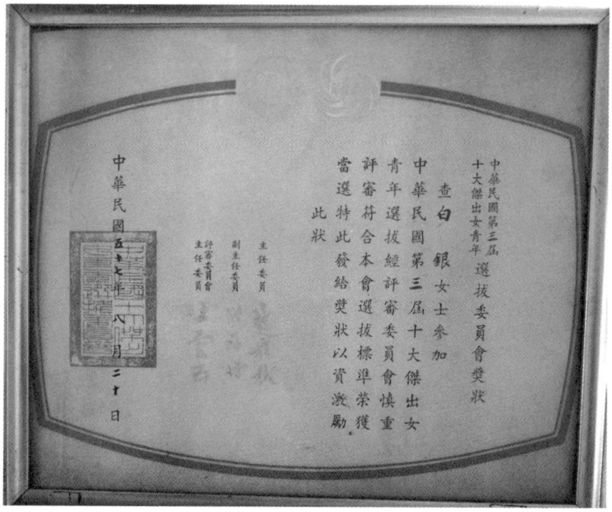
中華民國第三屆十大傑出女青年選拔委員會獎狀

查白銀女士參加中華民國第三屆十大傑出女青年選拔經評審委員會慎重評審符合本會選拔標準榮獲當選特此發給獎狀以資激勵

此狀

主任委員

副主任委員

評審委員會主任委員

中華民國五十七年八月二十日

第3屆10大傑出女青年頒獎典禮在台北舉行，白銀是當時十位得獎者之一。（白銀提供）

圈粉無數的首席播音員

發了狠似的拚命上進歲月，奠定白銀廣播事業的穩健起步。從早期的各種會議、運動場上擔任宣讀，甚至用擴音喇叭對山頭喊話，幾乎各種性質的播音工作，白銀都嘗試過了。民國四十四年，終以第三名優異成績，考進中廣；那年二十五歲，中央政府部分重要會議，都會指派白銀負責宣讀文件。

坐上首席播音員位子的白銀自此一帆風順，主持收聽率超高的「快樂兒童」，「走，走，走走走，我們小手拉小手，走，走，走走走，一同去郊遊。」好聽又容易上口的主題兒歌飛進千家萬戶，而國共對峙除導彈和子彈外，聲音也被用作一種武器，她晚上赴央廣對大陸聯播新聞，心戰喊話，這樣三頭燒的日子，持續三十多年，後期還包辦電視臺播音班，李艷秋就是她口中「無心插柳」的教學成果。

回看一九四九民族宿命，白銀選擇潤養自己的下半場人生，「我是給總統唸訓詞的，誰都知道我，我怎麼敢回大陸？我不敢回去，可以偷偷給他們寄錢去，他們也過得很好。」對白銀而言，回不去的，不是家鄉，而是時光。

白銀在中廣主持的「快樂兒童」，曾陪伴許多人度過童年時光。（白銀提供）

百歲人瑞賈李樹芝
橫跨三洲鐵娘子

賈李樹芝

當黑頭車送來飛行員不幸捐軀的惡耗，遺族的眼淚也曾令她在家書中，充滿迷惘的懷疑，「爲什麼短短一生竟不能去享受它？爲什麼十之八九都不如意？難道人是愚蠢的嗎？這眞是個難解的謎。」雖充滿哀傷，其實背後藏有一個舊時代女性不斷挑戰突破困境的智慧與勇氣。

（賈李樹芝提供）

智慧與勇氣，構築了賈李樹芝橫跨亞、非、美三洲的百歲人生，足以追溯到軍閥割據、七七事變、抗日戰爭、國共內戰和八二三砲戰等連番現代史巨大動盪，前半生與戰火煙硝共處，一九四九年隨空軍遷來台灣，頭十年養兒育女，日子辛苦艱難，先生經常開飛機出任務，每當黑頭車送來村中飛行員不幸為國捐軀的惡耗，總是令樹芝難過掙扎許久。村中遺族們的眼淚，也曾讓她在給丈夫賈哂儂的家書中，對軍眷人生充滿迷惘與懷疑，「為什麼短短一生竟不能去享受它？為什麼十之八九都不如意？難道人是愚蠢的嗎？這真是個難解的謎。」

家書充滿哀傷，但是背後卻藏有一個舊時代女性，不斷挑戰「高齡」的智慧與勇氣，在女子受教育並不普及的保守社會，從容面對快速變化，給予解決問題極大助力。賈李樹芝三十九歲在埔里榮民醫院擔任護理長時，前往國防醫學院參與督

報考美國護理師執照，創造無數奇蹟。
（賈李樹芝提供）

導培訓，開心再當學生時，「五個孩子的媽媽，還能唸書？」年輕的同學露出無比好奇的當下，殊不知更猛的大事還發生在後頭。四十六歲前往遙遠的非洲利比亞醫療團隊為國家奉獻服務，賺取護理師高薪養小孩，五十二歲再報考美國紐約護理師執照，考前腿關節疼痛到無法行走，醫生看著X光片嚴肅提醒有黑點，非緊急開刀不可。但她堅持考完執照考試再說，「若開刀後是骨癌，這個護士執照一定要刻在我的墓碑上。」

賈李樹芝出生在河北灤縣富裕之家，豐衣足食。（賈李樹芝提供）

化不可能為可能的精神，創造無數奇蹟，賈李樹芝長途跋涉飛到黑色大陸後，為了自己的權益，不向強權低頭，她曾越過沙漠到利比亞的班加西，到中華民國大使館找大使申訴合約權益，「流淚灑種的必歡呼收割。」如願解決護理長頭銜和薪資。合約期滿再移民美國，也曾寫信給紐約州長洛克菲勒，希望開刀時有親人從台灣來陪伴照顧。其實也只是姑且一試，沒想到誠心禱告，全宇宙都來幫妳，奇蹟降臨，一家七口得以陸續團圓在紐約。

不向環境妥協，不畏強權低頭

有趣的靈魂，熱情的本質與專業的自信，讓賈李樹芝儼然成為「媽媽的多重宇宙」先鋒而在海外瘋狂探險，主導了華裔家庭命運，改變了自己那個無限循環、圓形運行的心。她也不諱言，自己一生都在做重大抉擇，包括去非洲賺九倍高薪養家、孩子軍中提早退役、移民紐約頂下小吃店安定生活再毅然停業，讓孩子去大學讀書趕上時代熱潮攻讀電腦，得以成為新大陸的頂尖菁英，展開美好前程。

這都是不向環境妥協，不畏強權低頭的印證。長子賈憲正形容，「我在母親身上看到很多神的手，我相信這個世界有神，是從我母親身上看到的。」女婿劉大江則說，

「我岳母一生就是為了家，勇敢地到非洲去，能夠下這個決定，有這個膽識去做大改變，這也是她成功的地方。」一百歲所遭遇的挫折更不只百件，丈夫賈哂儂中風二十六年，正值壯年二十九歲的么兒賈憲治心肌梗塞驟然離世，長女賈紫平四十二歲時被診斷乳癌，白髮為黑髮萬般煎熬，媽媽的宇宙有時候也失控。傷心混著遺憾，她淚崩的想到么兒成長期，是自己摸索著長大，沒有享受到母愛的溫暖，是她心中永遠的痛。

親情夢碎，豈是一張紙連得起來？

賈李樹芝一九二一年出生在河北灤縣富裕之家，豐衣足食，照顧她的舅媽經常打開存滿制錢的櫃子，讓她們隨便拿，隨便玩，上小學帶當時極為珍貴的魚肝油午餐後吃，卻送給同學當點心。當堂姊出嫁不再擔任家族小會計，從小立志做大事的她自告奮勇說，「我來管帳，給我多少錢，就記多少。」

立志當護士，也是因姑姑穿上雪白的南丁格爾制服，分外端莊又神氣，影響她一心一意讀護校，北京道濟醫學院畢業後，如願到北京中和醫院擔任護士，戰亂後再到台灣埔里榮民醫院擔任護理長，許多老兵因戰爭受傷又罹患肺病，一到春節就思鄉嚴重傷心哭泣，常把家書交給她說，「李大姊，我已經病重，怕是回不了家見爹娘了。」勞煩她反攻大陸時把家書帶回老家，樹芝感嘆命運的無奈。

親情夢碎，又豈是一張紙連得起來的？「不給敵人一粒糧食一根草」的斷水斷糧，讓剛成年的青年只能選擇參軍報國，跟隨政府離鄉背景，成為歷史的洪流下的犧牲品，賈李樹芝和丈夫也不例外。戰爭殘酷，樹芝挺著大肚子又帶著一歲多的兒子，從上海搭船隨著丈夫逃難來台灣，當她爬上船時，緊緊抓著繩梯深怕失足墜海，不斷朝人群大喊著：「我是一個孕婦，懷著孩子，你們都不要碰到我呀！」

白衣天使散播熱情與愛。（賈李樹芝提供）

下船後，虛弱孕婦並無特權，和逃難軍民一起吃大鍋飯，擠在不堪的大通鋪也別無選擇，現實的窘迫就是逼人如此。初踏東台灣，顛沛流離再落腳台中市虎嘯東村總算稍稍安定下來，和逃難同事共同棲身眷村一小屋，中間隔塊薄木板雞犬相聞，各自帶著不同傷痛倒也熱鬧和睦。過年時，眷村媽媽會收到樹芝分享的澡盆大年糕和一條活鯉魚，討個吉利，見證其為人慷慨熱情，往後移民海外順利，也是基於朋友深厚情誼，大家互相幫助。

漸上軌道的生活交響曲

第一次吃到台東紅心芭樂是因鄰居到院子偷摘果，襁褓中的女兒也因喜愛粉圓的濃稠而不再哭鬧，……好多的「第一次」組成漸上軌道的台灣生活交響曲。七年生下五胎，小孩滿地爬，靠著軍方口糧讓小蘿蔔頭變壯又變高。省吃儉用過日子，麵粉袋改成四角褲，袋上「增產報國」四個大字穩穩扣在小孩屁股上，即使花五塊錢帶五個孩子上街吃冰，也開心至極。

獨自瞻前顧後帶娃，也狀況百出。體弱多病的老四患了台灣熱而全身紅腫，老三出風疹從床上掉下來，半個身子靠著床，居然也沒醒，老五經常半夜發燒拉肚子，自己也久咳不癒，所幸女兒燒飯洗衣是個好幫手，樹芝遠去非洲工作時，女兒十七歲，頓時升級為家庭「煮」婦，平日煮家常菜，過年過節擺酒席，女代母職，小媽媽操辦得妥妥切切。

擔任空軍飛行員的丈夫哂儂在外工作，任務保密而眷屬毫不知情，「等回來才告訴我今天又飛大陸一趟，發傳單回來了。」樹芝只能自我調適說，這樣很好，不知道就不擔心，等到真出事了再說吧，一切也只能聽天由命，隨時有另一半為國捐軀的心理準備。

「一日充實，得以好眠；一生充實，得以無憾。」不枉寶貴光陰便能安心。做母親的必須犧牲，一切考量都是為孩子的將來。從非洲移民美國之前，和醫療隊姊妹結伴壯遊歐洲一個月，用這個假期來銜接開拓全家海外生活的決心，「全然不是為遊玩，而是探看世界，」看看往後怎樣為全家七口形塑充滿希望的未來。

賈李樹芝想得通透，快樂和老去如果都在持續，必須相信夢想，乾燥生活中滋養採蜜的日常。獨自先去紐約開路那幾年，她日夜以編織毛線思念孩子，想像他們變壯變高的尺寸，「慈母手中線」連結了親情，三個兒子同時在金門馬祖當兵，以黑膠留聲機勤讀英文九百句，打下移民美國的厚實語文基礎。

賈李樹芝長途跋涉飛到海外，發揮熱情的本質與專業的自信。（賈李樹芝提供）

在百歲人瑞身上看到很多神的手。（賈李樹芝提供）

凌霄御風去，報國把志伸

再強壯優秀的生命，面對一分一秒消磨的「時間」，也只能臣服。退役後的先生經常由孩子陪著高唱空軍軍歌，「凌霄御風去，報國把志伸，翱遊崑崙山上空，俯瞰太平洋濱，看五嶽三江雄關要塞，美麗的錦繡河山，輝映著無敵機群。」歌聲滿是退休後的憂國憂民抒懷。

切斷了昨日，不知會有怎樣的明日。離開護理工作退休後的樹芝，常思念起河北家鄉的父母。兩岸尚未開放，從美國紐約幾經輾轉到處尋訪打探，終於聯繫上，離開家鄉三十一年，得知在北京高齡的父母都還健在，思親情切，於是一九八〇年夫婦倆帶著四個滿滿的大箱子，裝著所有想像得到的物品返鄉，大到縫衣機，小到金項鍊，還有糖果餅乾，多是家鄉前所未見。

數十年分離後團聚，說不完的故事，流不乾的眼淚，整夜說話到雞啼都不願停下來，回紐約前，夫妻倆把全身原有的衣物家當都留下來送給親人。當孩子們來紐約甘迺迪機場接機時，看到的是一對中國老夫婦穿著大陸的藍色長衫與黑色布鞋，提著鄉下裝菜的大竹籃子，因為勞累腿痛，手上還拄著拐杖，不由得驚訝得大笑起來。

淋漓盡致的扮演百歲多元角色

「父母在，人生尚有來處，父母去，只剩歸途。」大陸探親回到紐約的先生，陷入為子不孝，親夢難圓的鬱鬱寡歡，因此抄錄白居易《燕詩示劉叟》給孩子，

「樑上有雙燕，翩翩雄與雌。銜泥兩椽間，一巢生四兒。四兒日夜長，索食聲孜孜。青蟲不易捕，黃口無飽期。觜爪雖欲敝，心力不知疲。須臾十來往，猶恐巢中飢。辛勤三十日，母瘦雛漸肥。喃喃教言語，一一刷毛衣。一旦羽翼成，引上庭樹枝。舉翅不回顧，隨風四散飛。雌雄空中鳴，聲盡呼不歸。卻入空巢裏，啁啾終夜悲。燕燕爾勿悲，爾當返自思。思爾為雛日，高飛背母時。當時父母念，今日爾應知。」

初生小燕子求食，燕媽媽燕爸爸飛了十幾個來回找食物。終有一天，小燕子羽毛豐滿展翅隨風飛，燕媽媽燕爸爸整夜哀鳴，「燕子啊，你們先不要悲傷，你們應當想一想……。」莫道桑榆晚，為霞尚滿天。眷村巷口開滿苦楝花，枝椏伸向庭院。春分後，那巨大壯觀的老藤像是探看老朋友，發出「潤物細無聲」的氣息。

走了顛簸千里路，終究落葉總有可歸之處，九十歲重新回到台灣安度晚年，樹芝

清楚自己的老去是迎來深沉的寂靜，「我來了，我做了，我此生無憾。」未曾錯失夏花絢爛與秋葉靜美，已淋漓盡致的扮演了百歲多元的角色。

回望歲月，為時代變遷做見證。（賈李樹芝提供）

兩岸分離後團聚，說不完的故事，訴不盡的親恩。（賈李樹芝提供）

搶救電力成功
台灣大放光明

孫璐西

台灣光復，日本人臨走說：「三個月後台灣將是一片漆黑。」但是孫運璿卻在五個月內替台灣「重新找回光明」；而且到民國五十五年台灣的供電普及率已高達百分之九十七，領先許多先進國家。

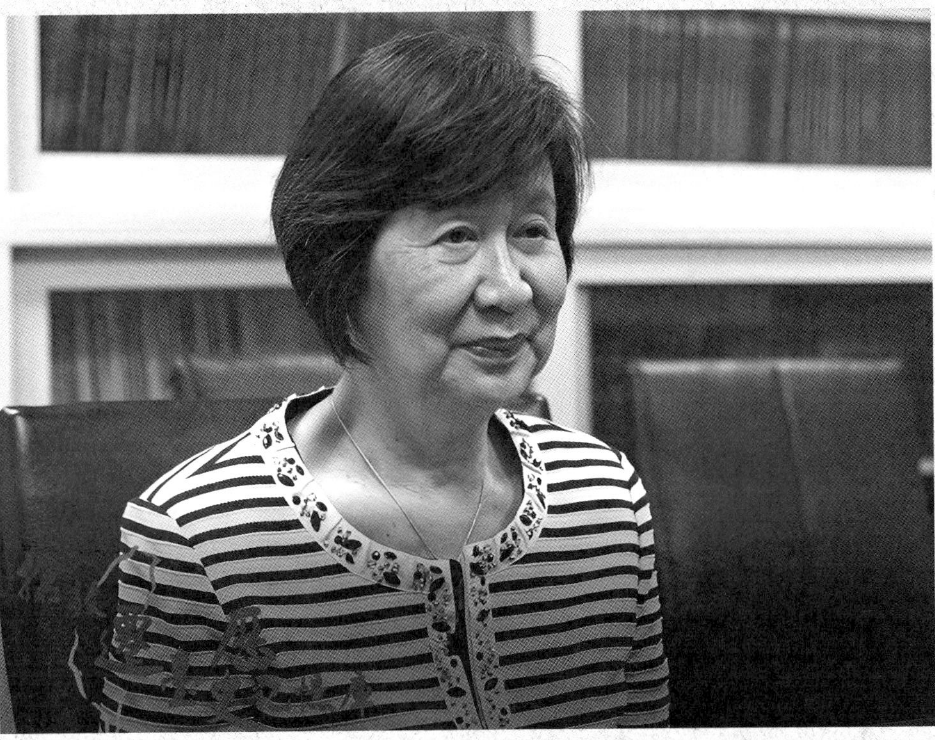

如果孫運璿當年因熱愛文學而選擇創作這條路，台灣還會不會贏得亞洲四小龍優勢？「我原來想唸文學啊！非常崇拜大作家老舍，書架都是老舍的書，讀到廢寢忘食。」文藝少年懷有文青大夢，卻被父親以大格局勸退，「要救國，就要做個工程師。」

執行十大建設，寫下台灣奇蹟

遵奉祖訓，孫運璿棄文從工，以工程專才報效國家。

孫運璿育有四個孩子，畢生的浩瀚故事由台大教授女兒孫璐西娓娓道來，令聽者感受到政府遷台第一代奉獻的無私，與從未置產而居住公家宿舍的清廉，其精神典範是最無價的資產。翻開兩本已珍藏三十年之久的孫運璿日記，快樂的永遠是：物價平順、農產豐收、經濟景氣；憂心的永遠是颱風災害、外交橫逆、中共威逼……個人的遭遇、得失竟完全不在他的日記之內。

一九七三年，孫運璿力排眾議成立工業技術研究院，催生了「外面孕育的老五和老六」。他曾說，自己有六個小孩，老五是台電，老六是工研院，哺育之時，正逢海外學人提出發展ＩＣ產業建議，嘗試從加工出口區、外商裝配廠的經濟模式中，一邊學習，一邊摸索如何成為世界產業的領頭羊，在退出聯合國、台美斷交、兩次石油危機的層層風險中執行「十大建設」。

工研院與美國RCA公司簽定了IC技術轉移合約，首座IC示範工廠落成。一九七八年，孫運璿擔任行政院院長，與李國鼎規畫科學園區，被譽為「風雨中的舵手」，半導體產業短短幾年從零起頭，奠下未來發展的基石，讓台灣的國民所得成長了四倍，每年的經濟成長率全超過百分之十，甚至寫下百分之十八的驚人成就，舉世驚豔，寫下台灣奇蹟。

台灣光復，日本人臨走說：「三個月後台灣將是一片漆黑。」但是孫運璿卻在五個月內替台灣「重新找回光明」；而且到民國五十五年台灣的供電普及率已高達百分之九十七，領先許多先進國家。

回顧遷台前，二十世紀初的中國東北，日俄勢力弱肉強食，日本人不願放行知識青年回內地，孫運璿急中生智喬裝成生意人，才以電機工程師的身分參與了江蘇省連雲港的電廠興建。

永遠的孫院長，寶島的驕傲。（孫璐西提供）

隨著時局日益緊張，國民政府一路往大後方撤退，電廠設備是國家重要資產，絕不能輕易棄守。孫璐西說，父親不想把機器留給日本人，特別訓練了一批騾子來拖拉大機器，想辦法在棧道彎處順利轉彎，終於把機器成功運抵大後方四川。

抗戰勝利後，孫運璿於一九四五年年底奉派來台灣接收電力事業。當時各地電廠、發電所被美軍轟炸得殘破不堪，日本人也帶走所有的日籍工程人員撂下一句：「恐怕三個月後，台灣將一片黑暗。」

孫運璿化憤怒為力量，「日本人越看不起我們，我越一定要好好幹，把台灣電力做起來。」沒錢，也沒有物料、也缺人才，如何修復電廠？他「腦筋急轉彎」找來大陸同學幫忙，台北工專（日後的國立臺北科技大學）、台南工專（日後的國立成功大學）師生也一起加入搶救行列，帶著台電同仁前往全省各電廠，將機組上還可以使用的零件拆卸換裝到堪用的機件上，「挖東牆補西牆」度過窘境。

五個月後，台灣如願也如期亮起來，全島電力恢復了百分之八十，「那是難以置信，非常刻苦的成果！」孫璐西覺得自己這一輩，相較於歷經過大時代磨練的上代長輩，毅力和能力都望塵莫及。到民國五十五年台灣的供電普及率已高達百分之九十七，領先許多先進國家。

1
2
1. 孫運璿得到總統蔣經國先生器重。 2. 孫先生任職於台電時期，假日常帶著孫夫人及小孩至全台各電廠巡視。（孫璐西提供）

食指浩繁，稿費貼補家用

一九四七年，孫運璿將新婚妻子俞蕙萱從上海接來台灣，隔年長女孫璐西誕生，台北長安東路的台電宿舍經常聚滿大陸各地來台的親戚朋友，「屋子裡有滿滿滄桑。」家中食指浩繁，台電工程師薪水非常有限，孫運璿下班後關在房間裡翻譯英文或俄文，以稿費來貼補家用。

「不要吵爸爸，爸爸正在寫稿賺稿費，不要打擾他。」溫柔的母親總是這樣叮嚀著孩子們。「家裡一直很窮，常常連一顆雞蛋都吃不到。」捉襟見肘，好幾次母親要孫璐西陪伴同去委託行，寄賣從上海帶來的嫁妝貼補家用。

孫夫人出身浙江省絲綢商賈之家，上有兩位哥哥，是家中的獨生女，出落得美麗聰慧，從小被父親視為掌上明珠捧在手心，與孫運璿相識機緣，就像小說般曲折。

追求愛妻，寫情書與卡片

一九四二年，孫運璿與三十一位國家重點培育的人才，陸續前往美國受訓，孫運璿在異地結識了孫璐西的舅舅俞恩瀛，也就是孫夫人的哥哥。回上海後，俞恩瀛要給孫運璿介紹女朋友，妹妹陪著一同前去，未料年輕的孫運璿一見鍾情，反而喜歡溫婉的妹妹蕙萱。

孫璐西日後聽父親講，母親賢慧漂亮，下定決心展開追求攻勢，除了約會跳舞，還寫情書與卡片。工程師的學養與高大挺拔身形也深深吸引了母親，兩星期後就答應了父親的求婚，「父親做事情總非常有效率。」孫璐西笑笑說，連娶媽媽組成家庭也是。

孫運璿育有二子二女。

孫運璿院長與夫人俞蕙萱，天造地設好伴侶。（孫璐西提供）

成婚後，除了要照顧一家子起居，同住的兩個表哥堂哥功課都是由媽媽來教導，病弱的奶奶也需席不暇暖照顧。孫璐西記得父親投入所有心力在公務上，回家晚了就畫紅圈圈，結果，月曆上滿堂紅，天天晚歸。

夜歸的孫運璿，事母至孝，回到家第一件事就是陪老母親說說話，接著再問孩子們的功課，盡到身為一家之主的責任。

無私的奉獻，贏得信賴與重用

一路盡心盡力在台電表現卓越，除了深獲對台灣給予技術協助的美方肯定外，也受到世界銀行矚目，邀請他前往非洲，協助世銀貸款的奈及利亞電力公司。

為了籌措老母親的龐大醫藥費，孫運璿接受世界銀行的邀約，離家前往非洲工作三年，期間兩度趕飛回來探視住進加護病房的老母親，看到兒子回來，病也好了大半。日後縱使世界銀行提出豐厚的薪酬邀請赴美工作，卻被婉拒，「理由非常單純，因為父親想回台盡孝道，為自己國家做事！」

大時代磨練青年愛國意志，孫運璿傑出的才幹、全心無私的奉獻以及孝順，贏得了兩蔣總統的信賴與重用。一九六七年，被任命為交通部部長，從此踏上了政務官之路。孫璐西回憶，當老奶奶聽到派任的消息，第一個反應是，「我這個兒子是個工程師，怎麼會當官呢？」也許老母親當年就預感通透、單純又耿介的兒子，若踏上政壇，恐怕要受到苦鬥的煎熬。

帶領台灣走過最風雨飄搖的動盪期而登上高科技電子產業龍頭要角，「父親當上部長後，走進了一個完全不一樣的領域。」政壇各方交鋒，孫運璿的無私成為攻防最佳武器，因為他關注的是人民的需要與國家的發展，凡符合這兩大重點才是施政目標，「村村有道路」就在這原則下，奠立交通發展基礎，經濟得以全面起飛。

努力復健，一如堅毅的本質

一九八四年，孫運璿積勞成疾，中風倒下而失去行動能力，健康受到極大損傷。離開政壇後沒有一天不努力復健，孫璐西說，中風二十二年，每天仍在計算自己一天走了多少步，從來沒放棄過自己該完成的本份，一如堅毅的本質。

1
2

1.1946年，孫先生來台前在青島與家人合照。前排左為母親楊敏，右為父親孫蓉昌，後排左起五妹慕媛、弟運環、三妹慕婉、運璿先生、四妹慕娟。
2. 孫運璿先生於奈及利亞電廠工作期間短暫回台探視母親。（孫璐西提供）

除了辛苦復健，飲食也被嚴格管控。母親因為擔心父親血脂過高，很多食物都被禁止。不過，知道父親特別喜歡西餐，孫璐西陪著去榮總回診途中，父女倆偶爾還會瞞著母親，偷偷去吃麥當勞解饞呢！

重返母校，感謝培育之恩

二〇〇〇年首次返鄉，以八十七歲高齡回到家鄉山東蓬萊祭拜父親，雖是抱病，卻仍從輪椅上站起身，撐著一步步走到墳前祭拜。

孫璐西陪著父親重回念念不忘的小學與中學時，正值哈爾濱工業大學八十年校慶，孫運璿也受邀前往參加典禮，堅持從輪椅站起身來向校長行三鞠躬禮。「永遠感謝學校的栽培，不論是學識還是體力，都是在學校時期培養的。」

孫璐西說，父親對人、對事都充滿感恩之心，「在烽火中成長，遭遇了很多親人的生離死別，變得非常堅強。」孫璐西曾經問父親，「為什麼大家都那麼喜歡你？」父親回答她，「要將心比心！要為人著想。」

孫運璿總把自己擺在最後順位。當上政務官下決策，所思的是國家的整體利益而非自己的官職，甚至寧願丟官，也要堅持做對的事，當初工研院的設立就曾有過類似的波折。二〇〇六年，孫運璿與世長辭，走完無愧的一生，「永遠的行政院院長」所留下的政務官風範，台灣政壇，至今無人能望其項背。

孫運璿夫婦在漢寶德先生（左二）陪同下參觀科博館，運璿先生與夫人專注地聆聽現場導覽。（孫璐西提供）

以吉普車爲家
滾滾沙塵萬里路

趙美華

從戰亂走來，黃昏歲月的安適讓趙美華感恩說，遷台的生活也是從困頓到現今豐衣足食。帶著父親的思念，隨著夫婿回到山西老家探親祭祖，古廟靈位因年深月久，有一種述古的清冽。

自有記憶以來，不停運轉的公路，幾乎就是趙美華童年生活的全部，從昆明到雲貴高原，再從西安到南京，行過一山又一山，越過一丘又一丘，也不知多少里路的艱險，最終渡過海峽來到台灣，在這片陌生的土地上開展青春。

「以軍用吉普車為家，居無定所走過漫天塵土，天天看到的都是黃沙，眼睛越來越模糊。」天地不仁，受戰爭迫害的人多麼渺小的不堪一擊，時間也多麼虛無，記不住塵土吹過後，山河的真實模樣。

八方凜然不可侵犯的磅礴

一九三九年，祖籍天津市的趙美華在貴州省貴陽市誕生，家國變色而對日抗戰八年，贏得勝利後，全家擠在父親駕駛的軍用中型吉普車上，大江南北四處遷徙。

山風吹過亙古荒原，拂過蒼茫山澤，大隊人馬在高崖陡峭間艱難行進，顧及老弱，走走停停，前方萬一有個不慎，就連人帶馬掉落山谷，引起後方躁動，傳來對生命的掙扎。

隆冬降雪，八方凜然不可侵犯的磅礴，天地也無計可施。大山大水，也曾經絢麗與豐饒，但對逃難不知終點的趙美華來說，那是全家人千辛萬苦的跋涉，在戰爭面前，只能回到卑微。

「行經雲貴高原時，沙石路徑非常狹小，一不小心就翻覆崖下。」親眼目睹的慘狀深植幼小心靈中，滾動的生活充滿不安。

一家人幾乎都是以車為家

父親趙連發原本在民營商號駕駛大貨車，對日抗戰勝利後，考入國民政府空軍運輸單位擔任運補車（中型吉普車）駕駛員。「車上載著許多軍用降落傘，還帶著母親、岳母以及我們這些子女，累了就睡在降落傘上，一家人幾乎都是以車為家。」

飄泊中，也曾經停駐在某些定點，稍做較長時間的居留。趙美華記得在昆明唸小學一年級，邊上課邊跑警報：「吃飯的時候聽到空襲警報聲響，大家只得筷子一丟，就迅速跑向田邊，跳到壕溝中避難。」驚心動魄就是日常，惡夢裡，總有砲彈在響。

桃園眷村的「高齡」小學生

一九四七年趙美華在南京就讀小學二年級。原以為行過一山又一山的裝備運補生活，可以在南京稍稍喘口氣，豈料國共爆發內戰，國民政府節節敗退到台灣，兩年後，全家再度隨著軍隊上船，歷經一個多星期的航程抵達基隆，隨後分發到桃園眷村，已十歲「高齡」的趙美華再從小學二年級開始讀起。

初踏寶島，趙美華對台灣的第一印象與大多數人無異，「基隆一下船，大家紛紛搶買香蕉，因為這種水果在大陸沒吃過，研究了好一會兒，才知道要剝了皮才能吃。」是單純，也是青澀，「分發到桃園眷村的初期，真的叫做身無長物，沒有棉被，只好將就著鋪稻草來睡，腳上穿的，是渡海來台前，母親幫我們縫製的布鞋，」牙刷買不起是當然耳，生活不是水平低，其實是根本沒水平。

家家戶戶都食指浩繁，趙家也僅靠父親微薄的薪餉養家餬口，米缸常是空的，因此大姊小學畢業後即至紡織廠當女工，「一個女工的故事」真實上演。

「一個女工的故事」真實上演

媽媽則做家鄉滷味去市場擺攤販售，還幫人洗衣服、做家庭代工貼補家用，忙碌的身影很少能歇口氣，她提起小拳頭幫媽媽捶背，記憶中，從沒有被抱過，大人總是忙，忙，忙，天沒亮就要上工。走到那，看著的都是媽媽彎腰忙碌的背影，難見稍稍歇息的正面。不過，不擔心媽媽變了，她一年四季都穿灰濛濛的布衫，使著男人般的力氣，沒時間打扮。

勤奮無疑是萬靈丹，讓生活逐漸獲得改善，家人開始對未來有盼頭，「我本來也要循大姊的腳步不再升學，但是父親反對，希望我能夠繼續唸書，完成學業。」

初中畢業後的趙美華很爭氣的考入公費三年制臺北女子師範專科學校，如願服務杏壇，作育英才三十年，這份桃李滿天下的成就是一個父親在亂世中的睿智與愛，讓她擺脫早年台灣女孩不用讀太多書，去做女工賺錢養家的宿命，得以完整受到教育，成為社會棟樑。「我看到苦難時代的公平，只要努力就有機會。」她身邊的同溫層也都一步步戰勝環境，也戰勝了自己。

教育，的確可以改變命運，苦學是通往成功的路。

趙美華（中坐者右二）手足眾多，幼年生活極為艱苦。（趙美華提供）

波濤起伏，心思飛越過大山

一九八七年，兩岸開放探親前，思念故土甚深的父親早已離世多年，終其一生都很遺憾的不曾踏上出生的土地。「他的一生，雖然不算功成名就，卻也沒有特別未盡的遺憾。」趙美華帶著父親的思念，隨著夫婿回到山西老家探親祭祖，古廟靈位因年深月久，有一種述古的清冽。

對祖先虔誠敬禮參拜，眼見皆是古樸陳舊、色澤斑駁的老宅，幽曖不透亮，只有門外灑進天光。一時間，哽咽到無法自已，失根的蘭花怎能不讓人泫然而泣呢？黃土高原波濤起伏，林地鬱鬱蒼蒼，隨著肅穆的祭禱聲，心思飛越過大山、平原與溪流。

「我先生的老家在芮城，窯洞是黃土高原上一種特殊的建築形式，我們回去就住在窯洞加蓋的房子裡。」終究已成為都市人，偶爾這樣住還可以，也新鮮，但長時間可能受不了那樣地的貧瘠。

趙美華說，黃土高原水源十分珍貴，有所謂「一生只洗三次澡」的說法，出生、結婚到死亡只能各洗一次，等趙美華重返家鄉，經濟發達，生活水平已大為改善。「酷熱天氣，沒水洗澡，難以想像那苦日子怎麼熬過來。」自己又天生有潔癖，節衣縮食不算難，反正遷台後的百姓都窮，沒水可用就要命了，感覺自己很渾沌，拖泥不帶水難以忍受。

從戰亂走來，黃昏歲月的安適，讓趙美華不禁感恩的輕嘆說，遷台的生活也是從困頓到現今豐衣足食，飄洋過海歷經七十五個年頭，在中國歷史上，如此長久的太平盛世，幾乎從無先例，「和平無價，大家一定要珍惜當下，不可輕言戰爭。」她雙手合十，為國運祈福。

爸爸不在家
眷村煙火的禮讚

眷村媽媽

不斷驛動與更改軍旅的男主人，從這個營調到那個連，由女主人撐起一個家。所以，遷台第二代回憶成長歲月，描述的多半是媽媽，她們具渾然天成的節約縮食美德，個個懷有十八般武藝，還有濃濃的母愛，廚房小窗相對，煮飯時拿鍋鏟八卦一下，眞正的雞犬相聞。

（眷村媽媽提供）

颱風夾著雨量而來，民國四十八年八月七日的八七水災，三、四年級生應都存有印象。「嬰仔，別打瞌睡，免滾下來……」史上最強的強風暴雨，連續三天三夜沒停，累計了高達前所未見的雨量，溪水暴漲，大水排洩不及而民家嚴重傷亡，「水好大，根本逃不出去！我的孩子整夜蹲在桌子上打瞌睡。」

台中銀聯三村蕭家容奶奶心有餘悸回憶，水來得又快又急，顧不得搶救家具，只能將就搭個桌子，全家人緊緊挨著避難，「兄弟左右兩邊，站上小桌子，好危險，好像隨時滾下來。」

八七水災的驚恐之夜

遷台第二代必定難忘那驚恐之夜，大人把幾件單薄家具抬上搖搖欲墜的桌面，小孩卡住中間，左右平衡別掉下來。颱風好像專挑晚上狠吹，停電了，燈熄點起蠟燭，小孩哭大人叫……夜又黑又深又長。

天濛濛亮，風雨好像已緩了，跳下桌，赤著腳，竹籬笆已被吹得東倒西歪。輕一點的家當直接被大水沖走，大型家具也因為被水泡壞，只剩下空蕩蕩的屋子勉強還能遮蔽，湊合著繼續住了下去，也因為銀聯三村損失慘重，蕭家容記得政府加發了一個月的糧食讓眷戶能夠度過難關。

矮矮的紅磚牆取代了竹籬笆，現代化的改建巨輪也不可免的壓向了眷村。六〇年代，國軍遷台二十年後，許多眷村已經老到快要倒了。報紙糊的牆，麵粉調的自製漿糊，那抵得過一場狂風暴雨。

對門也對窗，動靜都瞧得清楚

沒有現代化的自來水，家家戶戶挑井水過日子，洗衣服就到尚未汙染的小河邊，石頭當洗衣板，還拿木棒敲打，泡沫漾在小河的清澈中，魚兒游來游去樂悠悠，洗菜也用山溝水，無汙染的年代。「那時候好苦喔！」二十幾歲就搬進銀聯三村的白朱佳鳳奶奶，曾是村裡最年輕的眷村媽媽，剛搬進來的頭幾年沒水沒瓦斯，只能燒煤球煮飯洗澡；山下有個水塔，每到晚上放水時間，才能雙肩扛起水桶，把水接回水缸洗衣燒飯。

眷村的房舍排排站，對門也對窗，鄰里動靜都瞧得清楚。黃昏來臨，媽媽們開始煮飯，煙囪冒出裊裊炊煙，喊孩子回家吃飯的聲音越喊越大，不久，幾戶人家就拿著棍子出來找小孩，完瘋的，就小心挨揍。

1/2 遷台後的眷房陳設，擁擠卻溫馨。

多數眷村已改建，徒留歲月喟嘆！

客廳即工廠，老闆兼打鐘

初到眷村沒幾戶人家，先生也遠在澎湖駐守，每到夜裡，孤單的白朱佳鳳就感到害怕。當時村裡有個叫做小林的孩子，因為調皮常被媽媽拿著棍子打而躲到墳墓區睡覺，白朱佳鳳心生憐憫，乾脆叫上他和自家孩子一起作伴，小林就這樣成為白媽媽另一個小孩，直到隔壁搬來鄰居。

幸運的人，一生都在被童年治癒；不幸的人，一生都在治癒童年。阿德勒說的，「人被思念時，知或不知，已在思念者的懷裡。」影劇二村王秀蘭奶奶對矮小房舍也印象深刻，她說得又急又快，談興很濃，「兩房一廳的眷舍根本不夠五個孩子住，只好在自家空地又蓋了兩間房，然後再蓋一間豬舍，養豬貼補家用。」

後來，孩子陸陸續續上學了，先生的薪餉和她織毛衣的收入根本不夠支出，腦筋動得快的王秀蘭乾脆拆掉豬圈，改建成出租套房租給六個學生，有了租金的加持，生活才慢慢改善。

日時也做，暗暝也做，客廳即工廠，老闆兼打鐘，趕貨趕到天亮也沒請外人代勞，靠自己雙手撐起「宅經濟」。

外銷成衣業一飛沖天

六〇年代，台灣外銷成衣業一飛沖天，眷村找個領頭的分包家庭代工，最多是十字繡和毛線花，在單色的毛衣上妝點繽紛。田黃採晶阿嬤和鄰居媽媽加入女工陣容，手不停，嘴也沒閒，「東家長西家短」絕對在現場發生，小孩也還抱在懷中，吸著母奶。

蕃薯配芋頭，許多軍人在地娶妻，「哇攏顧賺錢！」田黃採晶阿嬤娘家做雜貨店生意，沒跟自己認識結婚之前，醫官丈夫常到店裡光顧買肉買菜，因此被田黃媽媽相中。當時，黃媽媽以為醫生收入應該不錯，「醫生娘」有富貴。女兒出嫁才知道，女婿一個月的薪餉只有一百二十塊錢加三十元的醫官加級。

喜歡做的事，拿手的事足以滋潤人生，每分每秒都幸福。「我賺的錢還比醫官女婿多！」田黃採晶開玩笑說，為了貼補家用成天只想著賺錢，當時婦聯會到村裡教毛線繡花，因為做工繁複細緻花心思，最後整村竟然僅剩她，靠著想為家裡賺外快的毅力學了起來，「小孩來家裡玩，都不敢到我繡花的地方亂碰，我真的會趕人。」

毛線繡花怕打濕得賠錢退貨，也怕一個步驟繡錯就得全部重來，因此田黃採晶完全不讓小孩接近她的「機房重地」。經濟重擔落在田黃採晶身上，因此三餐和家事都交由先生負責，田爺爺也因此練出一身好廚藝，馳名銀聯三村無敵手。

吉祥寓意的年年有餘

貧寒歲月，過年過節最大的意義除了祭拜祖先，就是吃好喝好。年糕、臘肉、粽子與月餅是外省家庭年節必備。梅花綻開的冬日，屋前竹竿高高掛起香腸臘肉，眷村媽媽自己灌，自己曬，年糕開始蒸起，木製的四方形烹具，年糕迎接了步步高升。

步步高升之外，年夜飯吉祥寓意的年年有餘、多子多孫也端上圍爐餐桌，豐盛之後的菜尾一大鍋，供給到元宵提燈籠。

逢年過節，香腸臘肉滿村飄香。

爸爸媽媽的白頭模樣

煙火氣瀰漫在眷村，鄉愁往往反映在食物上，南喜米飯，北愛麵食，入不敷出的家庭主婦想盡辦法「清水變雞湯」，吃得飽又吃得營養的家庭目標。「臘肉香腸都我灌的！」田黃採晶驕傲地說，即使先生高超廚藝人人稱讚，她還是包管家中過年的香腸臘肉，彷彿堅持著這項傳統，才算是真的融入眷村生活。風乾後的赤褐色臘腸，總讓人想到歲月，想到生活的皺褶。

高齡的田黃採晶，睡眠越來越短，這兩年體力不支而經常破功，由不得自己的必然遲暮，讓單薄的肉身以驚人速度衰頹，手腳不再利索，五感加速遲鈍。

這不就是爸爸媽媽當年的白頭模樣嚒？橫在眼前的餘生越來越短，容不得恍惚惶惑磨磨蹭蹭任性揮霍，每個人都要走這樣一遭。田黃採晶總是想起媽媽遠處的揮手和爸爸院落前哼唱兩句，「從小家裡就和外省人做生意，所以很早就會講國語，嫁進眷村也沒有適應問題，」和樂融融的氣氛讓她很快學會怎麼灌香腸。

方城之戰的小確幸，常有鄰居緊張地喊，「田媽媽，妳的香腸都被孩子吃光光了啦！」調皮的小男孩持著長竹竿偷香腸，路邊切一切，把報紙捲著燒一燒，就烤來吃了。「小孩子很調皮，他就給你亂切一截，拿到土裡就用火烤來吃，吃得滿嘴都是煙，黑黑的！」村中人氣超旺的蕭家容回想起來，也是眉飛色舞。她說，每到晚上收香腸時，總會算一算共少了幾串，就知道孩子偷了幾串，「知道就算了，大家一起吃吧！」即使心知肚明哪家孩子最調皮，蕭家容也從不計較，因為眷村就是個共患難的大家庭。

懷念過往的同甘共苦

「左鄰右舍和睦相處，很有人情味。」蕭家容回憶起眷村生活，蔥油餅、包子、水餃，來自大江南北的各式好料，都是大家一起分享，今天誰家煮了回鍋肉，就會提醒孩子趕緊送去，因為前幾天才吃了人家點心，要記得回禮。如果想家了，來自重慶的蕭家容就在菜餚裡多加點花椒解鄉愁，然後再送去厝邊頭尾，大家聊天取暖話家常，又能迎接嶄新的一天。

從竹籬笆到水泥牆，邁向現代化，「串門子也都漸漸串到在馬路上」，白朱佳鳳回憶，銀聯三村每家院子都沒有圍籬，門一打開就是大馬路，婆婆媽媽們站在馬路邊聊天，有時候看誰管教小孩太嚴格了，還會勸對方消消氣；意見不合了，上午拌嘴吵個架，下午一起打個麻將，事情也就煙消雲散。「和先生還比較會吵呢！」白朱佳鳳打趣地說。

講起過年的情景很開心，「初一早上大家都團拜，好熱鬧！」眷村每戶人家都會派一個代表站在街口團拜，互道恭喜，即使後來因為眷改搬到國宅，白朱佳鳳還是維持著串門子的習慣，天氣暖和的時候，擺幾張椅子等著老鄰居上門，泡杯普洱茶，繼續閒話家常。

經濟不富裕，心靈卻豐富

訪談間，白朱佳鳳還回想起住在眷村時，碰到遭白色恐怖迫害的鄰居，先生被槍斃，只剩下不識字的太太獨自帶著孩子艱難度日。「日子很困難，他們若來我們家，就多一雙碗、一雙筷子，不要計較。」大方地接受這位鄰居的孩子，而附近的陳媽媽也會一起到白家煮麵疙瘩，共同照料受難者家屬，「我們處得都很好，這樣子的生活，你說怎麼不懷念？」提起那段經濟不富裕，卻心靈豐富的歲月，感慨綿長。

已從眷舍搬離的王秀蘭，也同樣懷念著這段同甘共苦、街坊間幾乎沒有秘密的日子，「哪一家辦喜事，大家一起幫忙，辦喪事也是啦！」大台中地區的眷村聚落將近一百八十處，目前多數都已改建遷離，都市的更新、老人家一一凋零，眷村的記憶逐漸被人淡忘，人際關係的聯繫與生活方式也因此改變。

然而，眷村的故事用口述、用文物、用影像來保存，下一代記住這歷經大時代洪流的特殊風景，鎖住眷村空氣中那久久不散的臘肉煙燻香。

台中眷村文化館，處處是兒時記憶。

包青天子孫　優雅兩世代

包英敏與李正輝

身爲舊年代眷村中少數講英文，在美軍駐台機構擔任秘書的職業婦女，李媽媽長年保有「江西首富後代」的貴族氣息。穿衣打扮甚爲講究。「待人寬厚，處事通達」更是她傳給李正輝的家訓，母女遠征海外辦藝術展，始終保持喜悅，更具學習精神。

（包英敏提供）

在遙遠的民國初年，包家的產業就等於一座南昌城，南昌的故事幾乎就是包家的故事，定位了歷史與地理的經緯度，成就一個商業大寶庫，人與城，都萬分精采，一〇一夜也說不盡。

包氏家族自安徽河肥移到江西南豐以後，開枝散葉，南豐老家還留有包家大坊，巍峨氣派。南豐另一個名字叫琴城，在江西省東南部，北有南城遙相呼應，東鄰閩界五一山脈，依山傍水，鍾靈毓秀，萬畝桔林猶如「花香綠樹千朵雲，果甜丹碧萬點金。」

培養高文化素養下一代

縣城西北方，產業道路穿梭其中，遠望翠綠青山，在車磨嶺水庫的東南方密桔成林，便是包坊村了。走過前清、民國、抗戰與國共內戰，再受文革滄桑，如今仍存歷史痕跡。包家產業之一的江西大旅社，現今改為南昌八一起義紀念館，供後人憑弔。

以儒道思想傳家，人情醇厚與如畫景致交織出包英敏的優雅成長。包青天後代的她排行十三，家人管她叫「十三妹」，民國十五年出生，算算也快百歲，擔任美軍

1/2 包家大坊已百年，留給後人無限追思。（包英敏提供）

十三航空隊台南基地司令官秘書，二十四歲結婚生下長女李正輝，目前與女兒同住台灣，受到無微不至的「長照」，一生尊榮。

迢遞蜿蜒的歡聲笑語，由無憂童年延伸為成家後的處世智慧，在豐衣足食中遭遇八年中日抗戰，無情炮火將包氏家族一分為二，就算「江西首富」，也保不住原有的富貴榮華。但是，巨大的生活品質落差並沒有在包英敏成長期留下深刻印象，主要是因為父母努力張羅，使天真的幼兒自始至終對「艱苦」感到陌生，不知道這兩個字背後，暗藏多少父母養家活口的奮力與愛。

李正輝父親是報效國家的飛行員，高大挺拔。（包英敏提供）

嚴謹家規下，包英敏從小乖巧不貪玩，謹守家族的榮譽與父母的期望，敬重自己大戶人家的身分而不逾矩，禮教和姓氏緊緊相連。「在家從父、出嫁從夫，父與夫，就是女人的天，一輩子要守著家。」樂觀的生活態度，微笑以對。

父親時刻教導包英敏行事為人，有家教的女孩不能隨意往外跑，也不要去同學家打擾，倒是歡迎同學到家裡玩，交代佣人準備豐富可口的糖果點心，女孩聚在一起吃東西，開心聊聊天。「生活單純，禮教嚴明」是那個時代的調性，尤其女孩家離開書本放輕鬆，總被視為脫序。

樂觀的生活態度，微笑以對

戰爭來了，還在念小學的包英敏對世事猶是半知不解，恐怖的砲彈從天而降，炸碎了美好的家園，爸爸媽媽連夜坐黃包車匆匆把一大堆孩子離開江西避難，路途異常艱辛。「也不知道究竟從哪裡為孩子找來足夠溫飽的衣食，在那麼陌生又困難的後方，我們從來不曾凍著，也沒餓到，猶無憂又安定的度過屬於自己的青春年華。」

壓力在大人心頭沉甸甸，卻盡全力不讓孩子的教育與讀書受到影響。一家人共苦同甘，歡樂比挫折多，也養成此生樂觀的生活態度，面對任何起伏，都可四平八穩的掌握，不會逃避，自始至終微笑以對。

記得小學二年級時，父親要包英敏寫作文、讀詩文與練文筆。蘇東坡寫的〈定風波〉，她順口就可以背誦：「風起，雪飛炎海變清涼，笑時猶帶梅花香。試問自在何所似？卻道：此心安處是吾鄉！」重視教育的家庭，的確可以培養出高文化素養的下一代。

對日抗戰烽火連天時，父親在隆隆炮聲中與世長辭，包英敏先跟著流亡政府來台灣短期旅行，而後兩岸局勢緊張，她回上海念國防醫學院，家裡來信催她趕快回江西老家，親人都在焦急等待。

但是，她喜歡過學校團體生活，「粗茶淡飯也不覺得苦。」情願選擇跟著學校同學從上海坐船再到台灣，同船幾百位同學朝夕相處成立「海家班」，幾十年來還常常聚會，感情非常好。

這位千金大小姐卸下華服初登場，在船上擔任伙食委員有模有樣，什麼都從頭學起。「老家有僕役幫忙，我沒去過菜市場，也不會買菜」這節骨眼，只好硬著頭皮上場，夜裡怕米被偷，還執意睡在米房戰戰兢兢守著，盡責完成任務。

中國人命運的分水嶺

「戰爭無情、骨肉分離，這段中國人的歷史就發生在二十世紀，悲歡離合被說出來，有的藉由文字敘述，成為歷史的一部分」，包英敏將回憶化為紙筆收攏而流傳後世，她認為，時代有自己移動腳步的足跡，被理解，也被經歷所吸納。

一九四九年，是中國人命運的分水嶺，謎一樣不可解的年份，隨著家人再度航向台灣，一路倒也風平浪靜，順利到基隆上岸後，海家班同學先暫住碧潭邊的「白宮」，一棟白色的，有歷史痕跡的老建築。

白宮依山傍水、風光怡人，學校還沒整頓好，暫時無法正式上課，海家班同學搬張小板凳把戶外當教室，隨著意願選擇日文班、歌唱班與游泳班，學校也安排體能訓練，讓同學保持活力。

多數同學逃難到台灣無家可歸，只有包英敏和媽媽及兄弟姐妹在一起，感到份外幸福與幸運，所以常帶食物和貧寒的同學分享，一點點糖果，足夠快樂得哼起歌來。物質因貧乏而珍惜，更有特別的滋味。

半年後，國防醫學院在台北水源路一磚一瓦的建蓋起來，種子學生開始上護理課。包英敏喜歡校園生活，學習護理知識也覺有趣，「但家人總特別疼我、寵我，視我為千金小姐，不捨我為病患清洗尿盆、清理衣物。」於是，在二十四歲那年離開學校結婚生子，長女李正輝誕生於新竹。

女兒的少女時代

新竹的空軍眷舍隔壁住大明星白嘉莉，記得白媽媽常到電台唱戲，包英敏也跟著去作伴，兩家很有交情。

空軍父親從新竹移防到岡山，李正輝在此度過讀幼稚園及小學的幼年期，書香世家的孩子望子成龍，書讀好是天生，總要求下一代非「爭氣」不可，管教起來絕不手軟。

岡山老同學當年調皮搗蛋，如今白髮相見，拉回令人激動的熟悉感。李正輝記得，班導師施行魔鬼教育，以「竹筍炒肉絲」讓學生就範，「不時興鼓勵，也沒有親子溝通新觀念，孩子做錯了就是鞭子伺候，」對錯的標準在眷村各家不同，而學校握有絕對公權力的「專業管教」，家長不可能反對，自己都雖時隨地教訓調皮小孩，老師當然手下更不必留情。

李正輝卻得天獨厚是班上小美女，個性乖巧又名列前茅，班導師特別另眼相看，躲過竹鞭子教育。

岡山的童年非常歡樂

空軍眷村生活都比一般老百姓過得優裕，能嫁給高富帥的空軍做妻子，應該都是美女級，一打扮起來，個個俏麗如花。那時流行穿旗袍，李正輝印象中，還沒有發福的空軍瘦媽媽，周末參加舞會就會漂漂亮亮穿起蓬蓬裙，在音樂聲中翩翩起舞。

大概都等小孩睡了以後，再悄悄的為舞會準備行頭而精心打扮吧……。好幾次去理髮店，都看到年輕又美麗的媽媽在燙頭髮，鏡前的她們，也認真的抓住自己的青春。

岡山童年非常歡樂，雖沒有高級的物質享受，但住空軍眷村每家經濟情況都很穩定。李正輝很愛去中山堂看電影，這兒也是躲颱風的安全堡壘，家家戶戶抱著枕頭被子在大廳席地而睡，小孩子們特開心的蹦蹦跳跳，因為可以吃到海軍發放的乾糧袋，裡面有平時渴望的餅乾和薑糖。

在岡山成長，留下歡樂回憶。（包英敏提供）

1. 全家團聚於美國，開枝散葉。 2. 李正輝生下女兒，美貌基因再延續。（包英敏提供）

中式情感與美式思維

從岡山移民美國後，包英敏針灸行醫在僑界發光，為德州針灸立法著力甚多，有關法律條文設立皆出自她手，立法後每年再教育。擔任講師活耀於針灸學會被推崇為理事長，再負重任為德州針灸協會副會長，休士頓居民口中的「Dr. 包」是一項專業、一種榮耀，更是一份責任。

中式的情感與美式的思維，交織出移民的樣貌。休士頓小城風情靜謐而優雅，散發特愛的懷舊韻味。節奏緩慢，沿著時光的軌跡緩步，享受遠離塵囂的自由自在，也同時體會到美式的悠閒安適。包英敏非常習慣美國生活，一住就是三十年。

腹有詩書氣自華，手不釋卷開闊胸襟，旅行開闊眼界，兩者兼具，就活得優雅從容，「謝謝大家常誇我和女兒正輝氣質好，我是認為，書香傳家多讀書，顯現在外的，就會優雅婉約，典雅秀麗。」雍容華貴又穿著得體的包英敏，已邁向百歲，走到哪都被讚嘆，「奶奶看來好年輕，好有氣質。」嫣然一笑，臉上出現少女的駝紅。

敦厚傳家，李家子孫未負先人教誨。（包英敏提供）

待人寬厚，處事通達的家訓

包英敏說，身為舊年代眷村中少數講英文，又在美軍機構擔任秘書的職業婦女，穿衣打扮是基本社交禮儀，也讓自己心情好而容光煥發。「待人寬厚，處事通達」更是她傳給李正輝的家訓，也是長春不老秘訣，「只記住開心的事。」跟每個年齡層都可以做朋友，出門參加合唱團高歌，和李正輝遠征海外辦藝術展，一點也不麻煩晚輩生活自理，也始終保持喜悅，更具學習精神，包英敏每日行程比女兒還忙。

投入油畫而在藝術界享有盛名，李正輝很懷念過往的眷村夥伴。鄰居爸爸們都是空軍教官，階級高一點可能當上校長或司令官，「下了部隊，爸爸為孩子講故事，大家搬張小板凳圍圍坐，聽得津津有味。」那些芒光鑠亮的微小幸福，雖經歲月沖刷，形狀猶清晰如昨。

母女攜手推動藝術外交，流露華人的典雅。（包英敏提供）

輯三

榮耀雙親的當代菁英

靄靄慈暉照亮前行的路

趙怡

左營是一個自給自足的香格里拉，有戀家情結的趙家五個孩子在這快樂的成長。趙媽媽早已領悟到，軍人是屬於國家的，兒女才是屬於母親的，「將軍夫人」的頭銜未必自得，寧願把培育孩子看做嚴肅的使命。

人的一生或許有各種福澤榮辱，但唯有母親的慈暉，照亮孩子前行的路。

記憶清晰如昨，再回左營的趙怡已近暮年，眼前芒果花開，老榕樹的鬍鬚更濃密，夏天近了。

經過靠海的海清中學，彷彿老師還在領唱國歌來啟迪民族大義四維八德，與海潮微微相應的四季綠蔭，也依然包圍著竹籬笆的花雨，豐盛而寧靜。

集體自給自足的反攻桃花源

趙怡在左營四百坪的寬敞老家是日本人留下的典型日式官舍，「那時台灣只有八百萬人口，遷台的渡海大軍還沒上岸。」一九四七年，早一步來由海軍總部調到台灣擔任巡防處長的趙爸爸因此先選先贏，選到左營地廣人稀的大房子，闔家享受到日式大庭園的美好生活，梔子花的幽香飄出紅磚牆，顯示這戶人家的雅緻。

大庭園對面是反情報隊，走幾步路到美軍顧問團，再往前是海軍官校，左邊則達海軍士校和陸戰隊司令部，由鐵絲網圍起來自成一國，進出都要嚴格檢查眷屬證。「不得不佩服日本人，打造高雄港做為台灣最重要的軍港。」

港內軍民一體，打開門口就看到陸戰隊踢正步，蛙人在跑步，幼稚園、小學到初高中全體眷屬一律開始讀軍辦「軍校」，上學的軍車每早有人高聲領唱軍歌，「反攻，反攻大陸去……」

雄壯歌聲劃過美麗的清晨，穿越雲霄，一直唱到學校門口，趙怡和所有孩子連左營大街都極少涉足，渾然不知遠在台北竟還存在花花世界，只集體自給自足在反攻大陸的桃花源，滿足於封閉又獨立的小世界。

公共汽車與機車禁止開進來，民間小店餐館也絕跡，直到社會翻轉，左營軍區才打開門戶迎來新世界的新變化。老明星田文仲的音樂餐廳天天滿座，隔壁的「四海一家」總有眷村二代四面八方回到故鄉開懷舊同學會，喝起老酒，幾杯下肚，也難免老淚縱橫。

寧靜的海邊，開始沸騰，改變眷村面貌。

軍人屬於國家，兒女才是屬於母親的

雙親在哪，故鄉就在哪。

「人生修行最好的人，是我爸爸媽媽。」難以言喻的權威，無以企及的慈愛，更具養家活口的純良，陝西西安中央政治學校畢業的趙媽媽辭去左營軍區許多工作熱情邀約，全心全意把所有熱情用在孩子身上，並非缺乏走入職場的能力，而是培育孩子重於一切，「將軍夫人」的頭銜未必自得，寧願把家管家教當專職，更看做嚴肅的使命，扮演燈塔的角色。

「諸葛四郎大戰魔鬼黨」小朋友喜歡的漫畫都被列為禁書，書架上擺的是「東方少年」與「學友」優良讀物，還在後庭院擺籃球框，讓五個乖乖牌循規蹈矩，奮發上進，從小學延續到出社會的戀家情結，待在家裡不變壞，「累了就想回家，尤其一個溫暖的家。」

趙媽媽早已領悟到，軍人是屬於國家的，兒女才是屬於母親的，自己要認清母代父職這個事實。

兒歌教的是《家在山的那一邊》、《天倫歌》、《松花江上》，還有俠骨柔情的《夜半歌聲》，小孩似懂非懂，卻縈繞腦際，非常嚮往。趙怡說，人的一生或許有各種不同的際遇，或是足以支配命運的福或光榮入侮辱，但唯有母親的靄靄慈暉，照亮前行的路。

1
2
1. 遷台後，趙將軍夫婦及趙寧、趙靖與趙欣於台北。 2. 快樂的童年，趙寧、趙靖、趙欣、趙怡與趙健攝於左營。（趙怡提供）

講出來的道理，充滿懾人力量

半生戎馬，度過動盪不安的烽火歲月，遠在澎湖駐守的趙爸爸薪水袋原封不動按月出現，讓「偽單親」長達十九年的趙媽媽發揮月俸最大CP值，教育五個孩子學到人情世故，又不致於於迷途難返。「柴米油鹽都是公家按照大口、中口與小口發配，媽媽還能存到錢。」月初，趙媽媽領著孩子帶麵粉袋領糧食，溫飽若顧得上，其他就不難打理。

家裡孩子個個爭氣，功課好會讀書，放洋拿了高學位給趙家爭光。但是即便出人頭地，還是趙媽媽一個人說了算，「那是因為媽媽講話有道理，駁不回去，她訂好家規，千萬別踩底線。」趙怡從來未曾看過媽媽拿起棍子打罵，「她不信棒下出孝子」，連責備都帶著特有的細柔，言教身教，講出來的道理充滿懾人的力量，幾句重點就點出徬徨少年的輕重與取捨。她清楚告訴孩子，只要住在同一間屋子就照規矩來，門禁從十點放寬到十點半，再延長到十一點，如果超過，就別回這個家。

四十歲那年，趙怡犯規真的被關在門外。那天是和朋友聊天嗨過頭忘記看錶，等發覺已過十一點。「你這年紀還被媽媽管？」朋友看他張惶失措，不可置信的問。

按了門鈴，哐啷一聲，屋裡丟出來一個大皮箱。「你今晚就別回家了。」菩薩心腸與霹靂手段的趙媽媽沒心軟，知道唯有雷厲風行，一夜在外的兒子往後才不敢再犯規。

戰功彪炳遠調澎湖的父親又扮演什麼角色呢？「軍人在外拋頭顱灑熱血效忠國家，覺得家庭全權歸太太管，自己不該承擔責任。」一九六一年軍情緊急時，偶爾回家一下，一個電話就立刻又坐原機回返。「所以在父親這個角色難免有點心虛，對我們孩子總是很寬和。」

趙怡小學三年級時，聽說將軍爸爸要回家，五個小蘿蔔頭爭先恐後迎接，熬紅了眼睛也非等爸爸。等呀等的，小弟就坐門口睡著了，第二天看到一個「大人」戴著眼鏡看報，還茫然問媽媽，「這個人，為什麼在我家不走？」

給自己一個跟老闆翻桌子的機會

工作多年後，趙怡面臨一個高等職務與出國讀書的兩難抉擇。媽媽不假思索鼓勵他，「去拿博士學位吧！給自己一個跟老闆翻桌子的機會。」知子莫若母，瞭解兒子個性耿直不服輸，也不懂逢迎上司，民間工作恐怕不合適。「母親的睿智，使我終身受益，」往後，果真因為堅持理念需要「翻桌子」，辭職後因博士學位而順利轉到大學教書。

即便已入社會已做大事，媽媽的意見仍然最有參考價值。

兵馬倥傯，接續逃難路線，父母是遷台後人生第一個老師，爸爸長年不在家，孩子向媽媽傾斜，形成一個母系家庭，言出必行的權威下，第二代不

趙媽媽率子女回西安探親，抒解鄉愁。（趙怡提供）

但沒被情緒綁架，也快樂成長無陰影。趙怡記得父親會講杭州話和鄰居簡單寒暄，無論說話還是寫信，永遠正經八百叮嚀孩子們，「以國家利益為重，支持政府」。

百個眷村拔地而起，容納十萬多個家庭

軍人隨軍移防，四海為家，趙爸爸投筆從戎進入南京海軍官校就讀，畢業後派到重慶和西安，抗戰勝利在台北淡水與澎湖之間反覆調動時，「母親覺得孩子要讀書了，不能一直不安定。」於是舉家安頓左營，環境清幽，地方人士友善，鄰里也互相照顧。

回想一九四九年飄洋過海撤退台灣，百萬軍民上無片瓦，下無寸土，僅能暫住日軍留下的兵營和倉庫、學校的禮堂，還有農舍寺廟，湊合著在荒地搭棚築寮，以避風雨，大雜院就是暫時棲身所在，也總想過一陣子就由蔣委員長帶著「反攻大陸」。

久候反攻號角響起，國民政府先想辦法落地安置部隊，台北、高雄和台南百個眷村順勢拔地而起，容納了十萬多個家庭，從茅廬或違章棚屋搬進有水有電的眷舍，縱

使糲食粗衣，泥牆荊扉，也慶幸美援送來牛肉罐頭，衛生醫藥卡介苗，防止了流行傳染病。

南腔北調，雞犬相聞，「竹籬笆」成為眷村的代名詞。趙怡說，那「不怕死，不愛錢，頂天立地男兒漢，磊落光明度餘年」已斑駁陳舊快要脫落的標語，還掛在拆遷較晚的左營二十三個村子，日本人跟美軍作戰蓋起的明德新村，五十二戶也培養出十三個上將，庭院百坪，家家戶戶挖有防空洞，馬路很寬，籃球場就是電影裡面所看到那種洋派，外省子弟為了避免被欺負，也難免組幫結派，惹得老師用板子鞭子狠狠體罰，「每個老師都自備兵器。」

近代史上第二次的中原大移民

若干年後，舉家調回台北，軍方先是配給九十坪眷舍，再改建變成三十五坪。「我哥趙寧就感歎又開玩笑說，我們家的房子越住越小，車子反而越坐越大，原來坐小汽車的，後來坐公共汽車。」

在趙怡看來，國民政府在大陸戰敗撤回到台灣來以後，國軍經過一番改革，第七艦隊進入台灣海峽，局勢穩住扼阻毛澤東解放台灣，美國接著設立了顧問團，提高軍事合作層級，把台灣成功的保衛下來，「造成了近代史上第二次的中原大移民，文化大融合，對政治經濟文化和社會樣貌有很大的影響。」

一場喜劇，也是悲劇

盛竹如

電視主播盛竹如是台灣電視史上第一位新聞主播，記者與環遊世界，都如願做到了。把大陸的富裕生活原版搬到台灣，文革再猛，他的家鄉也未見紅衛兵搗蛋，幸運地逃過世紀浩劫。遷台數十年，母親到香港與阿姨會面，猶如時代的鐘擺，一晃，兩人皆白髮蒼蒼。

國民政府遷台初期，海峽兩邊都同樣貧寒交迫沒好日子過，勤奮的台灣人直到以客廳即工廠，方才喘口氣的締造中小企業為主的經濟方向，加工出口區、十大建設與十二大建設讓經濟快速發展。對岸卻因鬥爭處在民不聊生的顛沛流離，恐怖的文化大革命雪崩似的擾亂社會秩序，「大饑荒」奪了不計其數人的生存權利，慘上加慘。

湖南長沙宛如平行時空

盛竹如一九四六年出生，正好是打完日本鬼子後，再接著國共內戰那段烽火期，戰爭伴著他成長，從大陸遷到台灣無處不是一片民生凋敝。老人的回憶總帶著一聲嘆息，「那個時代，大家不都窮？」

聽來沒錯，但幾場戰爭下來，命運的賜給卻大不同，盛竹如偏就是「好命的少爺」，相對於戰亂奪命，他和家人無論在海峽兩岸的哪一邊，際遇皆順遂，沒吃到苦頭，延續大陸傳好幾代的豪門生活，老家湖南長沙與外界宛如平行時空，絲毫未受戰火波及，因而度過天真爛漫的童年。

「那時候雖然四方砲聲隆隆，但是我們住的地方並沒有發生戰爭，小孩子什麼也

擺渡在大時代江河，落腳島嶼，凝聚家族福澤。（盛竹如提供）

不懂，還拿個木槍玩遊戲，就很過癮了。」全家都很喜歡看平劇，漸漸地，古裝戲也進入追劇名單，天選之人的少爺這一生，如戲劇般傳奇。

外省第二代典型生活

走到哪，都是舉家全員行動，赴台後盛竹如認為最幸福的事情莫過於全家人都在身邊，一個都沒少，公公、父母親、姨太太……大夥一起住在台灣，延續著大陸的優渥。

盛竹如記得，逢年過節熱鬧非凡，公公穿著長袍，成群子孫向長輩磕頭拜年，起身後興奮等著領袁大頭紅包。他尤其和母親感情深厚，永遠蕙質蘭心，溫柔且堅毅的，無微不至張羅生活起居，每頓飯都有家鄉拿手菜，湖南辣椒、炒臘肉、衝菜以慰老小思鄉之情，將故鄉的美味延伸到台灣，顯現外省第二代典型生活。

深刻的母子情影響著盛竹如的人生抉擇，他曾考上留學，卻因為捨不得老母孤獨留在台灣而放棄，成為記者後去到異地採訪，總是惦記著為母親寫上明信片，因過於思念，回國一見著，泫然淚下。

爸爸媽媽感情深厚，溫柔且堅毅。（盛竹如提供）

父親的行伍歲月，備受敬重。（盛竹如提供）

他憶起，母親在與湖南親友通信後，找到了親妹妹，自己旋即帶著母親、太太到香港與阿姨會面。大家坐在飯店大廳等候，母親坐立不安，不停望向門口，站一會，又坐下一會，等待阿姨的過程變得加倍漫長，最後阿姨終於出現了，兩姊妹不言語，先激動地抱頭痛哭。「這種難捨的親情，最難忍激動。多少年來見不著面，終於能夠在香港碰到了，真是一場喜劇，也是悲劇。」猶如時代的鐘擺，一晃，兩人皆白髮蒼蒼。

當記者和環遊世界，如願達標

盛竹如是台灣電視史上第一位新聞主播，主持「強棒出擊」也圈粉無數。他說，自己從小有兩個志願，第一當記者，第二環遊世界，都如願做到了。「父母在不遠遊」，他放棄出國留學後服兵役，因上下班時間固定，因此到中國時報徵信新聞報當編譯。

命運注定讓這個白面書生順利走上主播一途，是因為一天偶然發現報紙上斗大的廣告：「台灣電視招考記者一名、播音員一名」。

盛竹如很興奮的躍躍欲試，電視是新興的事業，令他充滿幻夢。筆試勢如破竹，一路過關斬將到了複試階段：「拿一篇稿子在那唸，好像報新聞一樣，因為沒有錄影設備，只能坐在那兒乾唸稿子。」盛竹如感謝軍中廣播電台的磨練，助他順利考上主播一職。

長年在外地跑新聞，閱歷漸豐後，盛竹如深刻體會人在異鄉的孤寂，旅途景緻再怎麼瑰麗，遇上的人們如何友善，總還是有深深的隔閡：「畢竟和白種人、黑種人還是不一樣，如果不是中華民族人，總覺得聊不進心裡。」這也讓盛竹如對家鄉有了重新的詮釋：「這個我一直說喔，不能把一個特定地方說成你的家鄉，因為可能還有第二家鄉、第三家鄉、第四家鄉。」只要是中國人認同的地方，都是我們自己的家鄉，會覺得親近而熟悉的。

連夜喬裝由香港逃難至台灣

盛竹如出生在成都。一九四九年，成都最後一道防線潰堤了，時為成都防衛總司令的盛文安排一家子十多口從四川成都搭機，經由海南島輾轉到台灣。

飛機飛快，旅程卻遙遠，除了轉機的停頓，逃難的沉重與疲憊捆住身軀不得輕鬆，十歲的盛竹如不懂烽火無情，納悶著為何不見父親。原來，盛文盡忠捨命死守成都，直到成都被共產黨打下來了，盛文遭共產黨懸賞捉拿，才拔去眼鏡、戴上假鬚，連夜喬裝由香港逃難至台灣，與家人會合喜團圓。

敬還台第一代努力的一生及對孩子的愛。無顧於亂世的悲歡離合，盛姓整個大家族跨越兩岸詭譎，始終興盛而數度躲過浩劫，兩岸人物資料庫中，並不多見。

眷村小孩不怕沒有朋友

胡志強

到聯合國參加世界青年大會，英文有了用武之地，「共產國家代表不讓我講話，但我偏要滔滔不絕，竟被關掉麥克風」，胡志強就站在會場中央憑著丹田講話，令全場鴉雀無聲，眞是人如其名的「莊敬自強，處變不驚」——那個年代最勵志的八個字。

成長於台中眷村，擔任總統府翻譯、駐美代表及外交部長等重要職位，外語流暢度想當然耳出類拔萃，但是胡志強卻是不例外中的例外，眷村幼年的聽聞想必缺少英文。後來出任總統英文翻譯，「常有人問我英文在哪學的，怎麼翻譯得這麼好。」他還不敢告訴人家，其實是在公車上日積月累的自修。

胡志強高二時，搬出台中模範村遷往靠近清泉崗空軍基地的地區，隔壁住了一戶金髮碧眼美國夫妻。有次半夜隔壁美國太太來敲門，一開口就是連串ABC讓媽媽霧煞煞不知怎麼接話，看胡志強平時有在念英文，念得還蠻用功的，便叫他去溝通溝通。

下定決心發憤圖強

沒想到，「那位美國太太一連串講了三句話，我一句都聽不懂，只好就說『thank you』。然後她很急，就再講了一次那三句話，我還是聽不懂，我就又說了一次『thank you』。但她不死心啊，又重覆了第三遍，我心想講兩次『thank you』妳都不走，我就鞠一個躬，說『thank you very much』。」

美國太太無可奈何走掉了，媽媽覺得面子掛不住，把胡志強臭罵了一頓，那是學英文覺悟的開端，再加上小時候常在電影看到外國男人穿西裝、喝著紅酒可樂，好不瀟灑而心生羨慕，緊鄰模範街的花園洋房，住著美軍顧問團的外國人，在轎車相當罕見的年代，洋人開著洋車呼嘯而過，更下定決心發憤圖強。「單純的願望就是當外交官，可以喝很多可樂。」

模範村最小的房子就是我家

遷台後農業社會尾端，經濟尚未起飛，胡家並沒餘糧給小孩上補習班，他只好選擇自學，房間貼滿英文單字，聽美軍電台ICRT英文歌，看英文報紙，營造一個英文無所不在的學習環境，走在街上也眼睛耳朵豎起來，看到「老王皮鞋店」兀自翻成「Old Wang Skin Shoe Shop」；公車上聽到情侶吵架，男生叫女生「閉嘴」，被翻成「You shut up！」，女生叫男生「去死啦」，他就心想「Go to hell！」都是擺在心裡OS自問自答、自言自語，日積月累，功力就養成了。

唸政大時到聯合國參加世界青年大會，英文有了用武之地，「共產國家代表不讓我講話，但我偏要滔滔不絕，竟被關掉麥克風」，胡志強就站在會場中央憑著丹田講話，全場鴉雀無聲，真是人如其名的「莊敬自強，處變不驚」——那個年代最勵志的八個字。

打開塵封多年的老宅抽屜，文件記載著不曾被遺忘的舊記憶，那些眷村孩子盡情奔跑的矮房巷弄，那些媽媽編織毛衣的寒冬，還有電風扇也吹不涼的夏日燠熱，渾身像火燒般準備聯考，每個季節都那麼長，五個指頭數好久，才等到過年。

過年，爸爸就回來了。孩子怯生生地迎著陌生，家裡氣氛不一樣了，在許多媽媽的衣襟上發現幾朵紅花，添加淡淡喜氣。

戰亂中從冰天雪地的東北逃到北京，懷孕的母親在北京協和醫院生下胡志強，半年後乘坐軍艦來台灣暫住台中軍營。原以為只是暫時躲風避雨，很快就能跟著蔣委員長反攻大陸，結果這一別，就是幾十年。

「我是眷村長大的，模範村最小的房子就是我家。」村內軍公教各階層交雜，本省人比外省人還多，「番薯」和「芋仔」沒有隔閡，吵架以閩南語互罵「土豆」和「山豬」，誰也不讓誰！以至於胡志強閩南語還算「輪轉」，從小就覺得沒有什麼本省人外省人之分，「儘管大家口音不同、背景不同，但都是台灣人。」

四處籌錢繳學費

胡志強在三男兩女中排行老二。父親是陸軍裝甲兵，靠微薄薪資養活一家七口，既買不起玩具也吃不起好東西。唯一的奢侈是生日時母親會燉一鍋雞湯，湯裡雞蛋只給壽星吃，「所以我過生日最大的願望就是可以吃壽麵跟雞蛋，那就是豪華大餐了。」幼年往事，胡志強記憶多半模糊，只記得軍營裡滿佈著墨綠色戰車，自己有個奇怪的嗜好，就是把車子的油箱蓋打開聞汽油的味道，「聞到後來，腦子裡都變彩色的，彷彿有隻貓踩在鋼琴上叮叮咚咚，我想，我那時候應該是吸到『high』了。」

眷村房子窄小，大家都捉襟見肘的艱難度日，卻相處融洽如一家人而相互照應，為他帶來正面積極的生活。不但沒有學壞，反而因溫暖人情而成為陽光少年，處事積極樂觀又幽默，永遠不怕沒有朋友，一路貴人相助，感恩之情不可言喻。「眷村媽媽們經常互送南北口味，差遣孩子捧碗去送，孩子又端回一大碗公，這是潛流於眷村的溫暖，也是滴水之恩湧泉以報的身教。」貧窮是下一代身上流露最明顯的「移」跡，上小學才穿得到新鞋子，生病才有蘋果吃。老農彎腰田中插秧，春夏綠油油，秋冬成枯草，四季照著節序輪迴著，直到轉為工商社會，房子變高，馬路變寬，奔向現代繁榮，童年居所已悄然消失！

養大五個孩子並不容易，每到了要繳學費時，父親都得四處籌錢。有一次，胡志強陪爸爸去信用合作社借錢，他在外頭摩托車等著，「天氣很熱、摩托車的排氣管很燙，小心不要碰到它。」那天一直等到排氣管都涼了，爸爸借錢都還沒有回來。父親管教嚴格，犯錯一定得挨板子，做對了也一樣會挨罵，因為做得不夠好，還要加油，如此造就了胡志強「要求完美」的個性。

大學畢業留學美國，母親跟鄰居標會，籌了兩萬塊仍買不起機票，後來他跑去跟政大校友會借錢，所幸，素昧平生的台灣銀行總經理何顯重先生願意當他的擔保人而得以出國唸書，東籌西湊張羅到的五百美元生活費，就是鄰居的愛心。

出國當天，父親送胡志強去機場搭機，當 check in 完準備離境時，爸爸突然對他說：「你好好照顧自己」，然後就流淚了。這讓胡志強非常震驚，原來平時不苟言笑的爸爸也會哭，原來爸爸心裡還是很愛他。「我父親雖然對我很嚴格，但沒有他的嚴格就沒有後來認真做事的我，他雖然收入不多，但在我看來，他給了我全世界。」

即使父母親都已不在，他還常去拜訪看自己長大的叔叔伯伯阿姨們。懷著使命感返回家鄉擔任台中市長，希望建設成一個鄉親驕傲的國際都市。「模範新村變得很多，仍是我心靈深處永遠的故鄉⋯⋯。」

1 1. 才思敏捷、學養卓越，是拓展國民外交的戰將。 2. 日
2 積月累進修英文，擔任總統翻譯展開公職生涯。（胡志強
提供）

1 1. 和夫人舉杯，李安、歸亞蕾皆是座上賓。 2. 留學海外，
2 未負父母栽培與期望。（胡志強提供）

青梅竹馬小辮子

胡志強在童年就與邵曉玲相遇，那是綁著辮子的溫柔小女孩。等國外讀書歸來重相逢，媽媽叫他想一想，「記不記得有這樣一位青梅竹馬，那小辮子？」

「喔！」是有的。一群小孩只有邵曉鈴一個女生綁著小辮子，頑皮男生喜歡欺負女生，富有正義感的胡志強總是出面保護她，幼年單純並沒有特殊情愫，只是普通玩伴。

重相逢，邵曉玲已經在電視上站穩戲劇女主角的地位，家喻戶曉，對這塊領域毫無概念的胡志強跟「大明星」約會，只感覺到美麗與善良與溫柔渾然天成，不戀眷名利的願意跟一介窮留學生走向愛的天涯，吃苦伴讀，為遷台的兩岸人物繁衍第三代、第四代……，許了自己一個幸福家庭，「英國住單房學生宿舍，白天的沙發，晚上變成床，但她從來沒嫌棄！」甚至還將演藝圈積蓄，毫無怨言用來改善生活。

「妻子無可挑剔」胡志強總說，邵曉玲是全世界最善良的眷村媳婦，自己何其有幸呀！那「小清新」的獨有氣質，歷久而彌新。

賢妻海外伴讀，走向愛的天涯。（胡志強提供）

凡事努力做到最好

胡志強從總統府翻譯、駐美代表一路高升到外交部長，更擔任民選台中市長十三年，實力毋庸贅言。黨中央原來安排他選台北縣，但他第一志願就是選台中，因為這裡是他還台後的家。

眷村長大的孩子戮力眷村改建與保存，必然做到最完美，彩虹眷村、孫立人將軍故居紀念館等等都發揮了大家長的特質與承諾，把台中當成自己家來經營。台中國家歌劇院結合藝術與人文，曾被路透社選為世界第九大新地標的美聲涵洞。享譽全球的男高音帕華洛帝、女神卡卡來台演唱，餘音繞過全台灣，推動國際化擲地有聲外，小二英文教育，建設台74線也繳出漂亮成績單。

舞台的亮影為智者永恆留存，胡志強如今邁入耄耋之年，不論江湖風浪高遠，最後面對樸素的初衷。卸下官職陪老婆、含飴弄孫，日子愜意悠閒。回顧大半輩子屐痕，除了台中市長之外，從未主動求過任何職位而心安理得，每個階段都是上天最好的安排，「人生如果是一個旅程，有開始就有結束，不要戀棧。」胡志強說，凡事努力做到最好，到不能再好的時候：When it's time to go, say goodbye！

有孫萬事足，胡志強家庭和樂美滿。（胡志強提供）

讀書才能出人頭地

蘇起

年輕的另一個名字是勇敢。大陸逃難沒帶黃金，也沒任何背景，唯有靠讀書來力爭上游，光耀門楣。蘇起沒有辜負父母「讀書才能出人頭地」的教誨而一路讀成優等模範生，再搭上留學熱潮，負笈海外。

戰後嬰兒潮的嬰兒蘇起，打一出生就知曉遷台的軍人父母謀生不易，也因此循規蹈矩、溫文儒雅，和眷村多數血氣方剛，拉幫結派的憤青有明顯區別，從不用拳頭解決問題。唯一一次豁出去幹架，是為了保護被言語調戲的妹妹，劃傷手腕，留下了正義疤痕。「就留個疤，做個紀念。」蘇起抬起手，灑脫中帶點硬氣。

自認沒有放任的權利，亂世中安分守己專心唸書才是自謀前程唯一的路。媽媽含辛茹苦，爸爸長年公幹在外，身為長子的他蹣跚又奮力的頂起樑柱。

幼小的心靈感受生活大不易

蘇起原名叫做蘇永鑫，族譜上排「永」字輩，軍人父親帶他去給人算命，說他命中缺金，因此重新加了三個金，希望蘇起將來不缺錢過好日子。念到小學時，爸爸又覺得「永鑫」太過俗氣再改名「蘇起」，意味著父母的期望，「蘇家要靠你起來」。

蘇家住在台中西屯老舊眷村，僅能放置一張桌子幾張板凳，懸空搭建木板隔間當臥室，當颱風橫掃，屋瓦被吹得一片不留，只剩下孤零零的幾根樑柱，好似悲涼悽慘的淡筆水墨。黃昏時分，燈尚未點亮，小小的心靈已感受生活大不易，如鉛沉重。

他記得，颱風與淹水按著季節無情來報到，小小的屋舍被淹掉一半，臉盆水桶全拿來接水還不夠用，眼見家當被淋濕個透，媽媽趕緊往上搬，還把四歲的蘇起和弟弟抱上屋樑綁緊，面對面跨坐橫樑上，中間用繩子固定住小板凳，讓兄弟倆緊緊抓住，「只要不淹到小板凳，就淹不到我們。」媽媽力氣雖然不大，但是，童年的粗活根本沒人幫，居然也奮力頂住了。

強風呼呼吹到半夜，大雨嘩啦的打在身上很疼，恐懼到極點反而忘了哭叫。「整個半夜，整個晚上，或是一整天，就待在屋樑上，緊緊抱著救命小板凳。」親情醇厚，母親給予的是平安的秩序，嗷嗷待哺的幼兒足以遵循，循著鏗鏘迴音，長大後奔赴前程。

早年台灣經濟起飛的先鋒

舊時代女性張羅吃穿力不從心，眼淚只能在多皺的臉龐流淌。小學二年級搬到中壢舊公園，生活依舊困頓，眷村中心那口水井是生活的泉源，提著小桶打水是老大蘇起的家務基本分擔。沒有自來水和瓦斯，家裡燒起煤球，常燻得滿屋子黑麻麻，刺鼻的氣味鎮日不散，往後日漸富足，這「家的味道」卻是最為熟悉的，忘不掉。

窮則變，媽媽還剪開爸爸的大號鬆垮垮軍服，以多餘布料裁縫成各式各樣家用品來貼補家用，生活的緊迫加速了女紅才藝的養成。燈下縫補，背駝髮白，眷村媽媽以手作陪伴下一代長大成人，組成早年台灣經濟起飛的先鋒。

年輕的另一個名字是勇敢。大陸逃難沒帶黃金，也沒任何背景，唯有靠讀書來力爭上游，光耀門楣。蘇起沒有辜負父母「讀書才能出人頭地」的教誨而一路讀成優等模範生，再搭上留學熱潮，負笈海外。

頂天立地，挺立不屈的原型

山一程，水一程，留學拓展了蘇起視野，提高判斷力和解決問題的能力，體驗不同的文化，理解包容他人。博士班獎學金只夠付學費，生活費都得靠寒假努力去賺，蘇起年輕力壯，最過癮的是擔任無本錢的搬家工，一台冰箱扛在背上也不嫌重，這苦力活不會違法被移民局抓，又不需要繳稅，蘇起課餘打掃庭院、剪草、做雜工，讀書與打工成為留學兩部曲，把這兩件事專注做好，未來就充滿希望。他知道，「人」只有簡單兩畫，卻是頂天立地，挺立不屈的原型。

一九六〇年代，國民黨設立獎勵黨員子弟留學的「中山獎學金」，提供機票和學費給合格黨員出國深造，小他一歲的前總統馬英九領過，大他一歲的前台中市長胡志強也領過，唯獨他，畢業那年剛好取消，全靠自給自足。「我不欠國民黨任何東西，機票費、學費、生活費都是自己賺來的。」人生許多艱難時刻，能夠安然度過，不見得最強大，但懂得轉念。一個轉念，天空地闊，蘇起時刻感恩生於最幸運的年代。

借鏡西方豐碩東方，圓國際大夢

「我很感謝老天爺，感謝爸爸媽媽把我帶到台灣來。」回想這一切，若不是媽媽身懷六甲跟著爸爸來台灣，以他在大陸出生的年代，極可能會當上造反的紅衛兵，不會有機會受教育，更遑論留學美國，回來還能發揮所長。「我可能就被派到新疆去，在那裡落地生根，娶了維吾爾老婆。」蘇起一邊開起玩笑，一邊感嘆兩岸情勢更迭。

中華的壯麗和新大陸的壯闊，融和出知識份子報國濟世的原型，借鏡西方來豐碩東方，留學生要圓的是國際大夢，何止書本知識？蘇起知曉，改革開放後，中國以發展經濟為主軸，相信自己有力量承受，且義無反顧，找到生命另一個起點，繞過歷史迷陣，留下珍貴的良知。

初創「九二共識」，各自表述

回顧驚心動魄的一九四九，保家衛國的聖戰由大陸到孤懸海外，百廢待舉的台灣，蘇起隨著父親從台中調動中壢再定居台北，透過遷台那年出生的小男孩目光，溫和注視社會變遷與人情世故，勾畫出真實的民間現代圖像後，大學畢業飛向美國，築起留學生打工苦學的美國新大陸夢，兩個地域，兩個縮影，都躬逢其盛的站上時代巨變浪頭，目睹了歷史洪流翻湧，沒有錯過士農工商轉型的巨大變革，歷史之鏡清晰的鏤刻在心。

站在制高點俯視中國崛起，兩岸局勢瞬息萬變，投入台海和平論述的蘇起初創「九二共識」，一個中國，各自表述。走過二十三年的風雲詭譎，如今原創人解讀，為兩岸搭起一座橋的「政治符號」，這座橋搭起灰色地帶提供兩岸溝通來往與談判協商，順應時勢變形為「九二共識 vs. 互不隸屬」，也是給台灣百姓新選擇。

國際事務練就觸類旁通的圓融，每個轉身口都見轉折，國安會議秘書長卸任獲頒勳章，「才識恢奇，覃思謨遠，重啟兩岸協商大門，建構台海穩定形勢；積極簽署十二項協議，促進兩岸和平發展。」

「我這一生算是幸運的，老天爺對我厚愛。」敏感的政治話題讓蘇起欲言又止，趕緊打住，匆匆再用自己一生的際遇當做總結。彷彿當年，那個為了保護妹妹的哥哥，再次迫於情勢與責任，仍為時代挺身而出。明亮蒼穹下的誠實歲月，才是無邪。

輯四

銜接脈絡
外省第二代群像

灌籃小子的覺醒

孫朝

孫朝成長於封閉社會環境，調皮搗蛋的「匪類」逃不過板子教育。遷台初期，許多老師脫下軍服執教鞭，管理學生宛若帶兵打仗，濃重的鄉音讓師生鴻溝有待化解。回憶遙遠的荒唐年少，啞然失笑，也眞情流露。

土城後備指揮部在解嚴前的白色恐怖時期叫「生產教育實驗所」，為關押的呂秀蓮、張溫鷹、陳菊、陳婉真、盧修一、李敖、崔小萍與施明德等知名政治犯進行思想勞動改造。監獄主任正是籃球教練孫朝的母親，他假日常去探母，並不曾知曉鐵絲網內關著當代風雲人物，就只是天真的當遊戲場，奔來跑去。

父親孫廷榮則是國大代表，一九四九年舉家從廣州搭船抵達基隆港派任海軍子弟學校校長，母親在左營海軍醫院生下他。落地時，天還沒亮，大地未甦醒，他卻迫不及待提「早」從媽媽產道蹦出來，臍帶仍和母體相連，裸露在外。

醫生也還沒上班，院內其他家屬趕緊幫忙拿起「草紙」包覆臍帶，尚未清洗掉黏附物，讓嬰兒身上爬滿了螞蟻，「我就這麼樣地來到這個世界。」孫朝高大威猛，籃球場上所向無敵，竟是這樣等不及就投胎落地，歷經一段「早產」曲折。

這些年，孫朝野曾數度回到出生地尋根，左營海軍體育場左後方是四海一家，右手邊直行是立德國中、中山堂，往前就是建業新村、合群新村與明德新村，密集的住著等待反攻大陸的軍眷。塵埃布滿的老家早已深鎖，油漆剝落、門樑上水泥斑駁，廚房木櫥並沒搬動，碎花瓷磚盆還在，電影海報和女生喜歡收集的書籤也都等著主人，院落瀰漫著紫薔薇香氣。

孫朝父親孫廷榮是國大代表，對兒子期望甚殷。（孫朝提供）

1 1. 走過叛逆的青春，找到人生方向。 2. 左營海軍體育場
2 是孫朝成長之地方。（孫朝提供）

屋子裡。

恨鐵不成鋼的嘆氣，萬分羞愧

一時之間，孫朝感覺到彷若是昨天才離開的，發呆的拉上大門，把悲傷交集留在

回想自己的叛逆青春，孫朝說不出的悔恨。「有頭有臉」的至尊雙親卻偏偏生下莽撞小子，只能失落的帶著他輾轉各校求收容，高中就唸了十所學校，顏面一失再失，給操碎了心。有一次，孫朝和朋友在小吃攤喝酒被撞見，老師毫不留情責備他：「你的父母在社會上都是好人，你算什麼東西？在外鬼混，丟你父母的臉！」又有一次，他和父親到員林中學校長楊展雲家裡作客，等父親離開後，當頭被怒斥一頓：「你怎麼搞的？你爸是我最喜歡的學生，品學兼優，筆記整理得最漂亮，我曾給他兩次一〇一分，唉！你卻……」

那恨鐵不成鋼的嘆氣讓孫朝萬分羞愧。青春期幹的壞事真的數不盡，「少年剋星」魯俊將集體鬥毆的他送進「少年隊」管訓，搜出香菸泡進茶杯變「菸湯」，按著他的頭逼他喝下去，狂吐不止。逃學去新公園遊盪，搭火車到北投爬山，擱下學校寄曠課通知再偷偷拿父親印章蓋了交回去，紙包不住火而被狠揍一頓退學。

闖禍不斷的學渣，幾乎令父親無路可走，只好帶他到西門國小拜託嚴師「劉屠牛」加強管教。外號屠牛，可以想見這老師多威猛，果然，一進教室就聽到老師大吼：「桌子搬開！」孫朝被抓起來連續「過肩摔」，摔得滿眼金星，入校當天晚上，又無緣無故被幾個高頭大馬的學長痛揍一頓。

飛翔夢碎，只好選擇陸軍

經歷升學惡夢，孫朝終究暴露自己低智商已無力回天，為考試而讀的書，像隔著太空般茫然，交出的成績單讓父母看自己的眼神一天比一天暗淡，直到「絕望透頂」而放棄望子成龍，取而代之的是，自以為是青春的悲憤，如今回望，哪有資格悲？哪有能耐憤？

所幸，員林實中拋出救贖。老師是隨著山東省18聯中逃難到台灣的流亡學生，雖然鄉音很濃，但多數擁有大陸名校的學歷而學問底子厚實，足夠令他折服。學生則來自中國各省區、滇緬邊區（金三角）後裔、越南海燕特區廣東人和香港調景嶺難民子弟。先烈遺族外，還有跟他背景相似，在北部混不下，透過特殊管道送來的不良少年。

大學聯考落榜後，瞞著父母報考空軍官校一圓兒時夢想，「住家離松山機場不遠，傍晚七點，出航的軍機陸續返回。」有一次，冒煙受傷的飛機「信天翁」一路搖擺落地，重摔在跑道草坪上，好幾位受傷的戰士被搶救出來。「從小看著軍機起降，我立志當空軍。」空勤體驗通過後，卻被瘦高的上校軍醫告知，「依據航太醫學推論，你將來的身材會更高大，可能沒有裝得下你的飛機！」飛翔夢碎，只好選擇陸軍。

穿上軍裝，父母原以為終於擺脫慌亂與擔憂，眉頭為兒子走向正途而鬆解。但是，孫朝又再度碰到酷熱出棉被操，檢查槍械的魔鬼實習連長，還拳打腳踢，操練「武裝行進」。忍不下去，又闖大禍。

聖誕節放假前一天，他因參加校籃球隊訓練晚歸，被罰不准補餐。隔天中午同學放假，他與幾個同學又挨揍發出哀號，頓時憤怒湧上心頭，還手追打長官，追了好幾公里才被衛兵逮捕，以「暴行犯上」罪名解送禁閉室，再度靠父母出手援救，軍旅生涯至此告終。

務農老家生活擔子壓彎了腰

孫朝有個同學羨慕的家世。父親孫廷榮受到老長官谷正綱特別照顧而派任台灣省菸酒公賣局總局。孫朝滿週歲時住在台北建國北路日本式平房宿舍，曾經三戶人家同處擠在一個屋簷下，隔壁就是建國啤酒場，場內有兩大儲存槽，小孩們經常在此玩樂。

但對岸務農老家的沉重生活擔子卻壓彎了腰，難字當頭，度過一關還有萬重浪，「老家在山東西北一處窮鄉僻壤，種地也吃不飽。」父親爭氣考進濟南山東師範學院，之後又升上山東法政大學，畢業後順利就職山東省政府，歸屬當時的山東省省主席韓復渠。

一九三六年西安事變，韓復渠發電報表態支持張學良和楊虎城，種下蔣介石對他的疑慮，以違反命令擅自撤退的罪名被槍決，解散部隊。孫廷榮聽聞後連夜泳渡長江加入「戰幹團」擔任教官，接著就被派駐蘭州；也因此結識了當時在蘭州養傷的母親阮秉坤。

母親是安徽全椒縣人，原籍廣東中山，畢業於浙江警官學校第一期，隸屬戴笠系統，抗戰時曾任「廣東女生軍大隊長」，因為作戰負傷被送到蘭州休養，跟孫廷榮相戀後即成婚共組家庭。

最不捨父親晚年為重病所苦

最不捨父親晚年為肝癌所苦，孱弱的身軀已無力氣再為孩子的前程奔走，想起自己年少無知，逞兇鬥狠引來父母晝夜難眠的牽掛，也無視高光門第，讓舊時代的父母蒙羞，現在就算床邊盡孝，衣不解帶的盡孝長達十年，也終究回不去了，又能得來多少原諒饒恕呢？

懷著對父親的敬意與歉意，孫朝以後半生盡力彌補，「大器晚成」多少合適套用。「兩個哥哥都在美國，只有我這一家在台灣，我照顧長達十年，」動了三次手術，癌細胞依舊擴散，在兄長堅持下前往美國休士頓癌症研究中心進行化療，最終病逝於美國，「我把爸爸的骨灰捧回來，安葬他生前一起選定的金山安樂園。」

父親過世時七十五歲，一生大多在戰亂中度過，少小離家赴濟南求學，碰到對日抗戰與剿匪，國共戰爭局勢嚴峻，曾想回家探視，但北方已被共產黨控制而無法成行，一生始終無法回鄉，應該是他心頭最大的遺憾。母親一九八五年取得美國公民資格，曾返回南京探視外祖母與姊妹。又在政府開放探親之後，代表當時已經病重的父親去了山東老家，帶回幾張照片，父親看了很激動。

孫朝高頭大馬，運動天分在關鍵時刻現身，終究折服了超乎尋常的叛逆，等青春期慢慢度過，還原他提攜後進的大器，風雲際會的以天賦成為體壇龍頭。為報親恩，孫朝盡全力兩度舉辦兩岸中學生體育交流，一九九六年歡迎會上見到了家鄉的親戚；而後去南京見了親人，到外祖母墳上祭拜一償心願。

揮別叛逆青春，孫朝記取父母教誨。（孫朝提供）

少年如俠，老年如僧，回顧自己波折起伏的成長歷程，打擊不少，幸好老天為他打開了另一扇窗，看似不順遂的人生，就在展現籃球天賦後，幸運之神跟著降臨。一九六九年省立體專獨招，他以籃球專長被錄取，服完兵役後插班考上文化大學體育系，往復興高中、中山女高執教，一九八九年教育部仿傚美國NCAA大學籃球聯賽成立「高級中等學校運動總會」，孫朝加入了台師大湯銘新教授「高中籃球聯賽籌備工作小組」。

同年十月，首屆高中籃球聯賽開打，孫朝負責女生聯賽，也參與高中體總組織，出任秘書長長達十七年，成功開展了高中體總業務，將之與國際組識接軌，改變高中體總的發展樣貌。一九八八年所催生的HBL（High School Basketball League）高中籃球聯賽，至今仍為全國最熱血的學生運動，「從來沒有想過，會以籃球為一生的事業。」

雖然學業表現不如兩位兄長，也曾讓父母親痛心、失望與遺憾，但孫朝卻在照顧父親病中的期間，以四個寒暑假到政治大學修完教育研究所在職班，又在五十八歲那一年，取得師大運動休閒與管理研究所碩士學位，終於運用體育天賦，回饋父母親一生的付出。

1 1. 各方長輩教誨，莽撞小子奮發圖強。 2. 孫朝運用體育

2 天賦，回饋父母親一生的付出。（孫朝提供）

爲孫立人留存史料 狸貓換太子

羅廣仁

每次回家都開吉普車載，但那次，他租了一輛三輪車騎回來，一到家，就叫兒子們幫忙紙箱入屋，再把紙箱裡的底片和照片放進三口大皮箱，偷偷藏妥孫將軍交待的「東西」。

（羅廣仁提供）

時間的輓歌在翻閱泛黃老照片中低吟，要不是當時的機智，歷史就將失去佐證，若不是當年的忠誠，大批文獻紀載與影像史料將塵封不見天日。這是白色恐怖時代不能說的秘密，抗日名將孫立人遭誣陷指控「縱容部屬武裝叛亂，窩藏共匪，密謀犯上」數罪而被革職軟禁長達三十三年，珍貴的影像由攝影官羅超群冒著身家性命危險搶救保存，寫下「狸貓換太子」現代傳奇。

老兵急中生智，移花接木

時間推回一九五五年五月二十五日，孫立人部屬郭廷亮被捕，遭到嚴刑拷問，引發「郭廷亮匪諜案」。三天後，蔣介石召見孫立人，解除參軍長職務，並軟禁在台北市南昌街官邸。羅廣仁說，父親羅超群一聽到消息，就想進官邸見孫將軍，但是「官邸外面都是憲兵，大門深鎖，不讓我父親進去」，而且憲兵還嚴肅說，「上面有命令，現在只准進、不准出！」

執意想見孫立人一面的羅超群，拚命請託憲兵入內傳話，這時，人在官邸的鄭為元（時任陸軍第二軍軍長）出來替孫立人傳話：「老總說，這個時候就不要進來了，回去把東西保管好就好，以後可能還有用處。」

鄭為元所謂的「東西」，指的就是孫立人帶領的中國駐印軍在二戰印緬戰場掃蕩日寇和來台練兵的底片和照片。聽了孫將軍叮囑的羅超群，感到情勢危急，趕緊回陸軍總司令部辦公室（中正紀念堂現址）把照片跟底片裝箱，連夜搭火車帶回屏東勝利新村的眷舍。羅廣仁後來聽二哥描述，「父親每次回家都坐吉普車，但那次，他租了一輛三輪車，自己騎回來。」羅超群一到家，就叫兒子們幫忙搬車上的紙箱入屋，羅超群再把紙箱裡的底片和照片放進三口大皮箱，偷偷藏在閣樓的衣櫃裡。

藏妥孫將軍交待的「東西」後，羅超群想到陸總辦公室可能會被搜，第二天一早又趕早班火車北上，回到辦公室，把陸軍部隊解編或整編後留下來的證照、底片，還有一些過去自覺拍得不好或沖洗不滿意要作廢的相片，整理放進檔案資料櫃，移花接木。果然幾天後，保密局的人就來辦公室搜索，羅超群神色鎮定，有條不紊將這些預先備妥的照片和底片交出去充數。

「底片黑乎乎的，沒有在燈光下仔細看，是看不到裡面的內容。」保密局情治人員搞不清楚狀況，翻了翻照片，也不看底片，就要求羅超群把底片和照片全搬到廣場，自己點火燒掉，同時要羅超群拍下焚毀過程存證，再把底片交給情治人員帶回去「交差」。

孫立人將軍在一九八八年五月解禁，恢復自由後，羅超群才道出當年搶救照片和底片的秘辛。父親說得生動，羅廣仁也聽得仔細，半年後還親眼見到孫將軍，感覺一本厚重的近代史，自己也曾參與其中，雖然隔著世代，卻熟悉而緊密。「我父親說，他就是用『狸貓換太子』的方式，把這些照片和底片保留下來。」說起這段經過，身為新聞工作者的羅廣仁展露出對父親的欽佩。忠實的影像紀錄者不容青史盡成灰，在生死關頭急中生智保存了關鍵時代的歷史影像，展現「義勇忠誠」的氣魄。

以系列攝影展呈現史實

這三大皮箱的照片跟底片，還要面臨其他考驗。羅廣仁說，當年他們在屏東的老家年久失修，存放底片的櫥櫃遭到漏水牆面波及，父親左思右想，決定把它們連同家裡的呢大衣一起裝進皮箱，拿去當鋪「典當」。

「其實也沒有人會去買，就等著我們到時間去把它贖回來。」羅廣仁說，這些照片、底片就這樣在當鋪裡安然避開情治人員三不五時的搜查，直到羅超群自軍中退伍，搬家北上，才贖回三口皮箱帶著一起上台北。

斯人已遠，哀弔往昔，羅超群與孫立人將軍間的同袍情誼，克服萬難守護影像的故事，由羅超群的么子羅廣仁恭謹傳述，系列的以攝影展呈現史實。部屬們都牢記，孫立人將軍在鳳山訓練出寧死不屈的201師，堅守了金門古寧頭海岸線，才有今日的台灣，而一代名將「東方隆美爾」卻被軟禁在台中市向上路三十三年，羅超群和同僚日思夜想探望老長官，卻困在這個無奈的都市牢籠。

二〇一一年，屏東「孫立人將軍幼年兵特展」披露來台幼年兵訓練和生活；二〇二二年「阿猴寮蘊育現代花木蘭—女青年訓練大隊」特展，介紹孫立人在台灣創立訓練「現代花木蘭」的歷程；二〇一七年「紀念古寧頭大捷七十周年影像展」展出孫立人麾下青年軍201師調防金門、馳援古寧頭和凱旋的身影；二〇一八年台灣博物一一〇周年館慶暨「小心！象出沒！」特展，展出孫立人將軍帶領大象林旺自緬甸戰場到中國大陸，再飄洋過海來台灣的歷程。當年的掌鏡人皆是羅超群。

羅超群 1951 年隨孫立人將軍探視幼年兵，拍攝到孫將軍鼓勵幼年兵，親切問候的情景（羅廣仁提供）。

訓練嚴格的幼年兵人小志氣高，為多難的國家扛槍上前線。（羅廣仁提供）

壯盛軍容，感受未來充滿希望

羅超群一九二二年出生，是廣東省新會縣人。一九四五年對日抗戰勝利，當孫立人將軍帶領的新一軍部隊進城接收廣州時，擔任大光報攝影記者的羅超群負責採訪報導新一軍進城實況，親眼目睹了部隊的雄壯英姿。「軍靴踏在地上的轟轟響聲，還在耳朵裡面。」他對兒子描述。

抗戰八年，身處淪陷區，內心所積累的國仇家恨、屈辱羞憤，從相機觀景窗看到「漢官威儀」而找到了出口，「一面拍，一面流淚啊！」羅廣仁轉述父親羅超群對當時採訪拍攝心情的描述，「因為抗戰勝利了，看到在緬甸蕩寇、揚威世界的百戰雄獅，壯盛而有紀律的軍容，感受國家和未來充滿希望。」這一刻場景不但深深烙印在羅超群心中，也成為了他與孫立人將軍結緣的始點，再將內心景仰化為終身追隨。

一九四五年九月二日，美國麥克阿瑟將軍在東京灣接受日本投降，羅廣仁引述父親的話說，當時麥帥就點名孫立人部隊萬人駐守東京，需要一名隨軍攝影，因此，孫立人向羅超群提出邀請，「願不願意加入新一軍？」

有機會加入心中至高無上的雄獅部隊，「我父親當然很開心一口答應了！」只是沒料到，原本打算去東京的新一軍，因為國共在東北戰事吃緊，被國民政府軍事委員會委員長蔣介石臨時調往東北，船艦也因此開往秦皇島，進入東北剿匪戰場，羅超群便隨著部隊在前線烽火中，紀錄作戰實況。

鏡頭下的孫立人，在戰場出生入死，帶兵用心用情，羅超群對孫立人的敬仰日益加深，這份袍澤之緣，未因孫立人將軍後來被調離東北戰場，奉命到台灣練兵而中斷。

綿長的持香路祭，部屬的景仰與孝心

一九四七年，孫立人將軍從台灣去信給人在大陸廣東的羅超群，詢問他有無意願來台隨軍，「父親便再度離開家鄉，跨海追隨敬愛的長官，擔任孫立人將軍的攝影官。」一家人都還留在廣東，隻身來台的羅超群住在將軍官邸，受到孫立人將軍如親人般的照顧，吃飯也同桌一起吃，從無官僚之氣。羅廣仁說，「聽父親講跟孫將軍的事情，比講跟我祖父的事情還更多。」孫將軍的知遇之恩讓羅超群銘感五內，即便日後更大的政治風暴來襲，也熄滅不了冒死追隨的決心。

回想當年冒著生命危險藏匿史料，搬到台北新住處仍有新的問題要面對，就是颱風時容易淹水。一九八一年夏天雨勢強勁的莫瑞颱風侵襲台灣，台北淹大水，「我們家住在一樓，那天晚上，只有我跟父親在家。」羅廣仁說，父親一看情況不對，就要他把椅子都堆到餐廳的大圓桌上，「他叫我先爬坐上去後，他就從床底下把那三個大皮箱搬出來遞給我，要我先抱著兩個，然後，他再抱著另一個爬上來。」父子兩人就這樣輪流抱著三箱底片跟照片度過長夜，從晚上八、九點到第二天凌晨四點，積水才漸漸退去。

當年方才十多歲的羅廣仁看著越淹越高的水勢，忍不住問爸爸：「電視機跟冰箱怎麼辦？其他家具怎麼辦？」打定主意保護照片絕對要對歷史負責的羅超群卻說：「你不要管那些，這三箱東西比較重要！」當晚，家中所有家具幾乎都泡了水，只有這三箱照片跟底片卻安然無事，得以在日後長官與部屬重逢時當壽禮。

孫立人將軍 1954 年卸任陸軍總司令前與攝影官羅超群在陸軍總司令部辦公室合影（羅廣仁提供）。

揹著相機，捕捉長官神韻

與孫立人將軍重逢那天，是情義的承諾。一九八八年，孫立人將軍已經被軟禁三十三年，這一年，蔣經國總統過世，李登輝繼任總統，下令解除禁令，孫立人因此重獲自由。羅廣仁清晰記得，父親因為孫將軍解禁歡喜不已，在家裡搭起暗房，趁著孫將軍九十歲大壽前，把守護三十三年的照片沖洗出來，集結成好幾本相簿送給孫將軍當壽禮。「爸爸已經視力老花，沖洗照片時，對焦不容易對準，常常不滿意，就要重來，自己一個人，幹得汗流浹背。」孫將軍大壽前的三、四個月間，羅超群幾乎不眠不休每天洗照片，要讓思念的老長官重溫當年的情景。

「孫將軍生日前夕，父親興奮又激動的帶著我和母親一起到台中探望已年邁的老將軍。這事準備了好久，家裡有一股特別的辦大事氣氛。」羅廣仁回憶生平第一次，也是唯一一次見到這位從小到大聽父親一直掛在嘴邊的神級長輩，「將軍非常高大，我們陪他看照片，孫將軍翻著相冊一頁頁，仔細看著每照片，沉入回憶之中，我記得他講了一句『阿羅抓得住我』。」羅廣仁瞭解，這意思就是連日本人都捉摸不到的孫立人，卻被羅超群的鏡頭捕捉到多樣神韻。

孫立人被解禁後，曾有舊部屬想要為他進行平反，但被孫立人婉拒。羅廣仁說，因為孫立人自認「從未反過，何需平反」。不到兩年，一九九〇年十一月，這位一代名將病逝於台中寓所。「過世的時候，孫立人的子弟兵，包括女青年工作大隊的學員自動自發戴孝，還設置綿長的持香路祭，看得出部屬對孫將軍的感恩與孝心。」羅廣仁說。

回想那白色恐怖歲月裡，孫立人與其部隊的戰功幾乎全數遭到刻意抹除，一九四二年緬甸仁安羌大捷、一九四九年201師古寧頭大捷等戰役，鮮少有人探究孫立人在其中的歷史定位。羅廣仁在父親羅超群逝世十週年之際，將他生前拍攝、從未曝光過的孫立人訓練幼年兵實況以特展形式公諸於世，也從此踏上整理歷史影像、還原歷史真相的漫漫長路。

以生命護主，羅廣仁永遠記得父親揹著相機，走到哪裡拍到哪裡的身影。專業攝影包，防潮箱收藏各式相機和鏡頭。喀嚓按下快門的瞬間，有如狙擊手扣下長槍扳機那樣，是Shoot and got it的滿足感。「父親大人，聽說天堂很美，您和孫將軍相聚，要像以前一樣，多拍一些照片哦。」這五千多張珍貴影像，是羅超群持守一生對孫立人將軍的承諾，而羅廣仁接下的這一棒，是為了紀念父親與孫立人將軍真摯的情誼，也讓這段大時代的歷史不被遺忘。

年輕的外省二代扛起復興大任

林家興

兩岸初通，回鄉探親是何等敲鑼打鼓、夾道歡迎的大事，林家興戴上「光宗耀祖，衣錦還鄉」光環，全村父老列隊夾道歡迎，原以爲是一位掛滿勳章的中年人，豈料……。一方面深深體會老父蒼涼，另一方面也以外省第二代的年輕視角重看故鄉浙江溫州新風貌，油然升起愛鄉情懷。

摯愛的父親長眠台灣後，林家興跋涉千里前往浙江溫州展開尋根之旅，一個人走過兩代人的旅程。二〇一六年，他返回秀麗宜人，和北京王府井、上海南京路齊名的歷史文化名城，「馬英九競選辦公室專員、中國國民黨中央常務委員、中華民國總統府聘用諮議」等閃亮頭銜，讓林家興名實相符戴上「光宗耀祖，衣錦還鄉」光環，受到大陸中央、省、市、縣、鎮與村共計六級代表的頂級規格接待，佩上紅色彩帶和村民圍桌當年，說有多風光，就有多風光。

蓋房鋪路，完成畢生心願

只是，樸實的村民相見後開始騷動與耳語。以為國民黨高幹應該是一位掛滿勳章的嚴肅中年人，豈料一見，卻是一位二十郎當的春風少年兒，驚訝又震撼，熱情又欣喜，簇擁著他參觀了父親當年為溫州老家一窮二白鄉親而捐出的許多建設，造橋、鋪路與蓋涼亭外，還修建小學：「老家有我父親以其字號『向峰』為名的『向峰亭』，修建的小學成為『向峰樓』，而村中第一條聯外道路『向峰路』，也由父親出資營造。」村口碑亭上記載了父親大手筆造福鄉梓的事蹟。蓋了房，鋪了路，父親回到台灣神色安然，好像完成了畢生心願，對老對小對自己，都有交代，再無遺憾。

老派人的幸福，其實就這樣執著而簡單。

兩岸初通那盛況猶在腦中，思鄉殷切的氛圍也是奇幻。林家興感受到，老兵盼呀盼終於盼到返鄉探親，行李沉重並不輕，候機的漫長也帶來難掩的倦意而蜷曲機場一角，早日見到親人的激動鮮活迴盪，彷彿已聽聞到鄉親敲鑼打鼓與夾道歡迎，自己當起了時代主角。

耕讀傳家，後代也頗具才情

父親林德蒼來自浙江省溫州市文成縣仰山鄉塘山村，世代務農兼做小生意，由族譜中可以顯現，先人曾經官拜宋朝丞相、尚書，耕讀傳家的後代因此也頗具才情。

一九四五年，對日抗戰結束，年方十五歲的林德蒼桀驁不馴，與家人發生齟齬後竟剛烈離家加入國軍，因大陸失守，他隨著軍隊輾轉來到台灣，人生新頁從此在寶島築起。「父親曾經參與八二三炮戰，腹部還有被炮火碎片打傷的疤痕。」為了不要一輩子老死行伍，林德蒼考入政工幹校新聞組，一路從總統府文書下士、新聞官，逐步打拼到電視台擔任節目製作人，娶海外歸國的印尼華僑千金為妻。

六十歲生下自己這位寶貝么兒，晚年得子喜不自勝，父親總是讓他騎在肩上到巷口玩，直到健康狀況大不如前，「懂事之後，看到的多是老人的蒼老與遲暮，雖然脾氣依然剛烈，發脾氣時罵人很大聲，但時時流露慈父真情，對我尤其疼愛。」思念流露在林家興言語中。

赤手空拳，為將來奮鬥

遷台後的人生下半場反映出動蕩與平安的交錯，林德蒼感激小島賜予身心安頓的基點，融入節衣縮食的民間生態，逐漸的，發愁的日子少了，兒女大了，社會的活躍這般鮮明引著百姓新生活，沾上經濟起飛的光，照耀出電視製作的亮眼，既有幅廣也有縱深，「當年幹得真不錯。父親的江湖氣，很合適攝影棚的穿梭及業務的操持。愛家人，更愛和朋友應酬，應是那個時代的業務流域。」林家興性格理性平和，卻總在談及父親時，流淚不止，「他老人家是新時代的勇敢闖蕩者，明知韶華易逝，卻也堅信天公疼憨人。」

台灣讓父親安身立命，日後在此埋骨長眠。在林家興心目中，父親太過外向海派，成也朋友，敗也朋友。七十年代台灣經濟起飛，林德蒼製作電視節目「工商世界」，建立的口碑甚至得到時任台北市長李登輝頒發「化民正俗」匾額來獎勵其對中小企業的貢獻。

事業欣欣向榮而獲利頗豐，但因為廣交八方好友而波及財務，中落的家道讓林家興並未過上「富二代」的富裕日子，反而柴米油鹽樣樣發愁：「其實我反而感謝父親沒有留下什麼，卻也什麼都留給了我；無形中教導我要赤手空拳，為自己的將來奮鬥。」

離家時父母猶健在，再返鄉墓木已拱，青山不改夕陽幾度。說到兩岸一家親，林家興一方面深深體會老父蒼涼，另一方面也以外省第二代的年輕視角重看故鄉浙江溫州新風貌，油然升起愛鄉情懷。

實踐中華文化繼承者的「薪傳」

對中華文化渴慕，不因科技而退卻。林家興觀察到，新生代因為對歷史脈絡所知有限，往往無法做出深度的判斷，應超越以往的恩怨、擺脫歷史包袱。「父親在台灣生活了六十年，而我自己也是在台灣出生成長，兩代命運與台灣早已緊密融合。」上一代身處艱苦年代而只求溫飽，和吃飽穿暖沒有關係的事，都以後再說。

但是，時代已變，任何一個民族，不管多物富民豐，若無文化，就無尊嚴，也不可能有深層的精神層面。「父親白髮蒼蒼時，猶記掛為國為家貢獻，為社會做點什麼，這是必承家學，不敢或忘。」自幼喜愛歷史的林家興表示，中華傳統文化的精粹在台灣得以保存與發展，在地的多元文化也相當豐厚，兩者應該可以並存共融，創造璀璨文明。「現今是資訊爆炸的知識時代，每隔幾年就產生不同的世代、不同的想法，導致集體記憶也有不同，卻也創造更多元豐富社會風貌。」

林家興感慨，年輕人除了瞭解台灣這塊土地的過往，也應該知道中華民國以民主自由共和國的崇高理想建國的歷史與播遷來台的肇因。「遷台是一段血淚斑斑的過程，來台後，前輩們對台灣建設也堆疊了汗水與記憶。」

他牢牢記住，這塊土地享有自由、民主與和平難能可貴，放下成見與共同珍惜是每個人當下的修行，跨過代溝與族群，解讀與實踐中華文化繼承者的「薪傳」。

輯五

遺族追思紀念冊

將門之後
半夜竟被查戶口

王壽來

高考及格進入公部門服務，有天凌晨，警察大票人馬來敲門「查戶口」，他忍不住質問：「我們家是忠烈之後，並非作奸犯科之輩，這陣仗是眞查戶口？還是嚇人？」自此之後，保安檢查才沒再出現。孤兒寡母，歷經辛酸。

這個時代，信手拈來都是故事。以為忘了，回憶其實早已打包好。

身為將門之後的遺族，王壽來為父親王靖國將軍爬梳史料載記成文，拍成紀錄影片，才得以爭取入祀忠烈祠憑弔英靈，重現「我死則國生」的壯烈，過程何其曲折。

一九四九年，王壽來隨著母親和五個兄弟姊妹舉家遷台，定居台北的忠烈遺族不但沒有受過特別關照禮遇，反倒經常半夜被員警查戶口而飽受驚嚇。「我們以為家家戶戶都一樣。小孩子只管讀書，其他事根本不懂，哪知道戶口怎麼查？」

直到他高考及格進公部門服務，有天，只有他和母親兩人在家，凌晨三、四點，警察大票人馬再敲門「查戶口」，夜裡分外驚心。他忍不住反問：「我們家是忠烈之後，不是作奸犯科之輩，這陣仗是真查戶口？還是嚇人？」自此之後，保安檢查才沒再出現。

徜徉傳記文學一路吟哦

王壽來畢業於美國喬治城大學，髫齡接觸詩詞古文，情味醇厚對世間悲歡離合的無奈及無可避免的宿命，有深刻的觀照省思，徜徉在傳記文學的大海邊，一路吟哦，

1. 傲骨半生，胸懷大志的王靖國將軍，攝於山西太原王公館。 2. 身上的徽章，榮耀著效忠的英勇。（王壽來提供）

尋求點燃生命餘勇的火花。

二〇一六年，他兩度回到山西省故鄉，父親墳塚雖無處可尋，但昔日王靖國將軍住所「王公館」已被列為「太原市重點文物保護單位」，供後人仰拜。在五臺縣新河村，王壽來也見到兩塊刻石，分別載記了靖國將軍替村人設立小學、修建河堤的事蹟，村裡老先生展示當年王將軍致贈給學生的墨盒，上面刻著「苦學救國」四字。

這些關於靖國將軍的點點滴滴，透過紀錄片《故人、故居、故事——一代名將王靖國》公諸於世。身為「閻伯川（閻錫山）先生紀念會」理事長，王壽來每年跟著同鄉叔伯們前往閻錫山先生墓園祭拜，見墓園與故居逐漸殘破，他爭取將這深具山西窯洞風格的故居建物列為市定古蹟時，方才驚覺，「怎麼我們父子兩代，都在為閻先生做事？」他甚至想過，倘若父親當年不顧閻錫山反對，接受蔣委員長之邀，赴任河南省省主席，恐怕也不至於身後連座墳都沒有！

家徒四壁，三餐不繼

將軍事蹟確實不凡。一九四八年秋，國共會戰進入最後關鍵的「太原戰役」，王靖國堅守到太原城淪陷被共軍俘虜，兩年後病逝獄中。自幼王壽來望著父親身著戎裝的泛黃巨幅照片，炯炯有神，氣節不滅，似乎有種被爸爸看著長大的感覺，「對父親並不陌生，因為母親一有機會就講父親的故事，告訴我他是怎麼樣的一個人，常常講！」。

甚至因家徒四壁，三餐不繼，母親不得已帶著二姊上陽明山向總統府資政閻錫山請求援助。後來閻錫山每個月派秘書送給王家兩百塊錢，「這對我們那時候來講，真的是雪中送炭。」

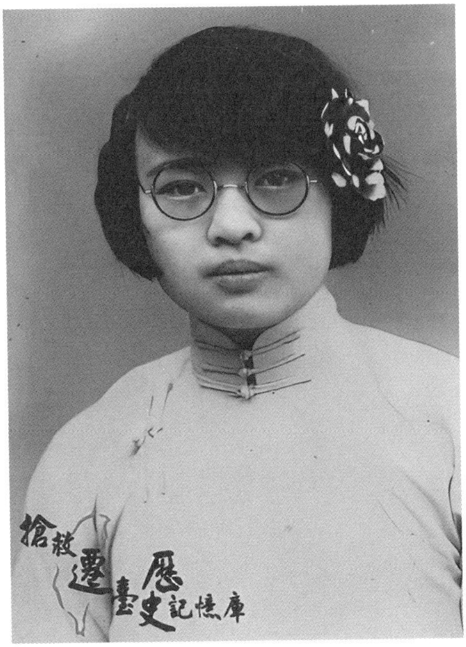

1 | 2 1. 擔任守備司令，太原戰役後堅持到最後一刻。 2. 將軍夫人王楊惠生，是王壽來日思夜想的慈母。（王壽來提供）

感念化為奮鬥，回報雙親含辛茹苦

直到王壽來上了大學，生活還是萬分吃緊，就讀中興大學法商學院時期，母親每天只給他五塊錢當飯錢。有一次被同學問及：「壽來，有沒有五塊錢借我？」這一借，身上半毛錢都沒了，一整天就沒錢吃飯了。

「想念是會呼吸的痛……」老人家在台灣辭世那年，他有次參加同事聚會唱了首《遊子吟》，唱到「誰言寸草心，報得三春暉」兩句時頻頻拭淚。「青春會凋零，愛情會枯萎，友誼之葉會飄落，母親的秘密願望卻是天長地久。」美國文學家歐文的詩句，更在翻讀之時，渴望母親入夢來，即使如此的虛幻。

回憶父親，王壽來數度哽咽，民國前八年出生，「太原守備司令」第十兵團司令王靖國是遺腹子，王母變賣了僅有的幾畝薄田供他讀書，村民紛紛出面勸阻，「留下田產，老來才能有依靠。」王母則回說：「如果我兒將來有出息，再多的田地，還不能幫我買回來嗎？」將感念化為奮鬥，王靖國總要妻子盡孝，理解老太太含辛茹苦，「請多擔待些」。

晉升到集團軍總司令

保定軍校是中國近代史上最早成立的現代化軍事學校，王靖國入校和華北剿匪總司令傅作義是同班同學，也是結拜兄弟，畢業後投效山西省主席、統御晉綏軍的「山西王」閻錫山。有一回，閻錫山觀兵團練，突逢驟雨來襲，其他部隊一哄而散，唯王靖國所帶之連井然有序，踏步回營，這一幕讓閻錫山留下深刻印象，從此一路被拔擢，從連長、營長、師長、軍長，一直晉升到集團軍總司令。

抗戰期間，蔣委員長在廬山成立軍官訓練團，同為保定軍校出身的陳誠出任教育長，王靖國則為營長，「那一期，我父親考評第一名！」王壽來說，蔣委員長前往太原探視閻錫山的父親，特別在王家公館留宿了一兩天。王家事先進行了一番修繕，以表慎重迎接，母親描述對蔣宋美齡的印象，「非常溫柔和藹可親，講話很細聲細氣。」蔣委員長也尊稱王壽來的母親為「嫂夫人」，回去後還特地發了一封電報給靖國先生，盛讚他的孝心。

王壽來也從母親口中及史料得知王靖國是山西省出了名的孝子，就算官拜集團軍總司令，忙完軍務返家，老母親嘮嘮叨叨不管講什麼，就溫順的聽什麼，從來都是陪

1｜2 1. 與蔣委員長和夫人，留影於抗戰時期。 2. 將軍夫婦面對變局，持名守節。（王壽來提供）

著笑臉。

抗戰期間，王靖國將軍擔任第十九軍軍長、第十三集團軍總司令，參與「平型關戰役」與「忻口戰役」，讓日軍損失好幾萬人，對國軍起了很大的鼓舞，因此抗戰勝利後，蔣委員長特地請胡宗南將軍前往山西，邀請王靖國出任「河南省省主席」，王靖國請示閻錫山未獲允准，遂婉謝此一任命。

一九四九年內戰又起，國軍節節敗退，平津會戰領軍的華北剿匪總司令傅作義接受解放軍提出的和平條件，讓二十五萬名守軍接受改編，只有王靖國領軍的晉綏軍仍與解放軍苦苦纏鬥。三月份，閻錫山對外召開了一場中外記者會，現場特意展示數百顆氰化鉀毒藥丸宣稱：「百川生不與毛賊共戴一日，死不讓毛賊辱其軀體。鄙人決心與太原共存亡。已令藥廠造出自殺藥水，如果太原失守，我就和部下飲此毒藥，同歸於盡。」

妳革妳的命，我盡我的忠！

用生命出擊，慷慨激昂的閻錫山與毒藥的照片登上了《時代》雜誌後，閻錫山召集太原城軍政要員，表示代總統李宗仁邀他前往南京共商國事，討論與共軍和談還是繼續對抗。「該去？還是不該去？」閻錫山詢問部屬意見，眾人看出他和談的意向，一致贊同他前往。

閻錫山允諾，盡快返回太原，結果一去不返，太原守城軍民陷入最後苦戰，幾近彈盡援絕，「糧食只能靠國軍空投，送糧的路都斷了。」王壽來根據史料指出，解放軍發動四次總攻，炮火猛烈，醫院傷兵多達一萬五千多名，「戰役到最後，戰壕都給屍體填平了，甚至用屍體當掩體，血流成渠，非常慘烈。」

解放軍甚至派了王壽來同父異母姐姐王瑞書來勸降，「應效法傅作義伯伯」。然而，靖國將軍則義正辭嚴回覆女兒，「傅作義是我結拜兄弟，他是條漢子，我是軍人，服從是我的天職，閻長官要我放下武器，我可以。他叫我抵抗到底，我就要抵抗到底，絕不投降！」又對女兒說：「妳革妳的命，我盡我的忠！」

一九四九年，守了兩百多天的太原城被攻陷，共軍以三十多萬名軍力，一千門炮火猛攻，國軍死傷人數多達十三餘萬人。太原城淪陷後，王靖國將軍被共軍俘虜，山西省代主席梁敦厚、警察局局長師則程、閻錫山堂妹閻慧卿、情治單位人員等自縊身亡，閻錫山卻對外宣稱太原有「五百完人」為守城而犧牲，還提供了這五百完人的名單。面對這段爭議的歷史，王壽來推測，「大概是國家在風雨飄搖時，希望有個忠烈的事蹟來鼓舞人心吧！」

父親最後告訴母親的遺言

事實上，早在一九四八年，王靖國將軍見局勢混亂，即安排眷屬出逃，並親筆寫了十幾封信給妻子，交代「若逃難過程中遇上困難，就拿信請這些將領們幫忙。」王壽來說，母親就是這樣帶著他們五位兄弟姊妹，一路從山西太原往四川成都，再從海南島來到台灣。「如果局勢沒有個了結，我也顧不到你們了。」這是父親最後告訴母親的遺言。

能來到台灣又娶妻生子的軍人，當然是因為他們逃過了戰事，避開了殺戮得以倖存。遷台七十年，長長歲月就這樣過去了，王壽來記取工商大老辜振甫先生言簡意賅，寓意深遠的傳世名句：「但知春意發，誰識歲寒心。」但望兩岸熬過冬天的風雪冰霜，迎來春回大地。

佛心校長相助 開啟升學大門

翟宗泉

「司法藍波」翟宗泉是家中第一個考上大學的才子，遷台超過了插班入學期限，所幸台南二中校長蒼寶忠承受過流亡失學的痛苦，開了特例，爲翟宗泉開一扇升學大門。離鄉背井的幼小心靈漸有依靠，培養出團結合作精神，成爲當年流離不失所的寫照。

司法界知名的「司法藍波」翟宗泉是家中第一個考上大學的才子，考上的還是台灣第一學府台大。知識可以改變命運，他是苦讀出身又闖出聲望的極佳典範。

事實上，這位遷台第一代來台灣已過了高中插班入學期限，陸續被高雄中學、台南一中拒於門外，眼看就要失學而萬般徬徨，所幸台南二中校長蒼寶忠，自身承受過流亡的經驗，深知失學的痛苦，因此開了特例，為翟宗泉開一扇升學大門，也讓一個幾乎失學的模範生在社會發生影響力。

另一個大家庭，心靈有依靠

義大利詩人但丁說：「走自己的路，讓別人去評斷吧！」英國有句諺語：「一千個讀者心中，就有一千個哈姆雷特。」這些金句提醒翟宗泉，只要生命能量強旺，任何力量都壓制不了夢想，遲早都能找到真正歸屬。

翟宗泉感念貴人校長相助，為自己開出一扇升學大門，益發苦心向學不鬆懈怠惰，循規蹈矩當模範生。每天由高雄左營搭火車到台南，再步行到學校，高年級後住在校方清空給學生住宿的大禮堂，享有免費伙食得以專心讀書，「已經感到非常幸福。」

離鄉背井得到照顧，幼小心靈漸有依靠，吃住和上課都在一起的大通鋪生活，猶如軍隊翻版，枕戈待旦，也等於組成另一個大家庭，培養出團結合作精神，成為當年流離不失所的寫照。

斷斷續續唸了五所高中，因自動自發又基因聰慧，參加大學聯考終究展現了亮麗出色的成績，「我從重慶幹校附中開始，歷經蕪湖中學、南京安徽中學、廣州黃埔中學，直到遷台唸台南二中，很幸運地考上台大。」翟宗泉說，家族從未有任何親人讀過大學，慶幸自己得到受教育的機會，卻懵懂未知以台灣大學中國文學系為填寫第一志願，唸完一年，考量未來就業問題轉至法律系，也因此日後台灣司法界，才形塑出這位毋枉毋縱、剛正不阿，擁有「司法藍波」美譽的奇人。

被迫中斷學業，踏上顛簸之途

「身為司法人……」總是掛在口邊，他言行合一。思緒遊離在古今與中外間，來來回回，除了台南二中有恩的校長，逃難途經南昌還出現貴人，讓記憶中多了饅頭救命的故事。一九三一年，翟宗泉出生安徽蕪湖，這一個「江南四大米市」之首的文化名城，並沒有深刻的記憶，因為自六、七歲起，即因戰亂被迫與家人四處遷徙、四海為家。

蘆溝橋事變發生後，年僅六歲的翟宗泉與家人開始流亡生涯，好不容易中日戰爭結束，原以為就此偃甲息兵，不再有戰亂，不料國共衝突加劇，翟宗泉被迫中斷學業踏上顛簸之途，一九四九年來到台灣，才有安身立命的投靠。

饅頭救命，陌生的恩情

飢餓難耐，年幼的他吵著要吃東西，父親好聲安撫：「再等一會兒，我有好東西給你吃。」過了數個時辰，父親拿出一個饅頭給他，當下真是有如美味珍饈，「我納悶為何剛才不給我吃，結果父親告訴我，有一隊軍人要開拔到前線，其中一位見我啼哭，」心生憐憫，於是拿了饅頭遞過來說，「這是軍糧，國家規定不得任意給別人，小孩餓了，吃吧。」所以父親等部隊開拔後才敢拿出來。

歷經八十餘載後，翟宗泉仍然記得這陌生的恩情。「中日戰爭讓我們居無定所，後來在湖南道縣定居完成了小學學業，但是母親也在這裡離世。」流亡生活並沒有就此打住，日軍不斷進逼，只得舉家再逃往四川成都，這時，翟宗泉考取了當地的「幹部學校附屬中學」，待抗戰勝利後，原本已回到故鄉蕪湖就讀「蕪湖中學」，但因哥哥在南京任職於公部門，因此轉往南京投靠兄長，並且進入「安徽中學」。

無奈好景不常，國共內戰煙硝四起，國民黨自南京撤守，「因為局勢混亂，哥哥送我一個人坐上開往上海的火車，而後搭輪船到廣州投靠從事軍職的姊夫，」在廣州短暫唸黃埔中學之後廣州戰情吃緊，於是與姐姐、姊夫一起搭乘中興輪來到台灣。

維繫和平，構築美好的未來

時光荏苒，歲月若水，年少時即痛失雙親的翟宗泉度過孤勇蒼涼，卻又在專業得以發揮的一生。待兩岸開放後返鄉，老家僅剩堂姊妹和子女，對他來說，鄉愁淡遠，異鄉早已成故鄉。「在過往，戰爭雖然帶來災難，但也是種族融合、文化交織的推手。」例如春秋戰國、五胡亂華、或是蒙古人、滿州人佔領中原之後，都與漢民族有了融合，若沒有一九四九年的劃時代大遷徙，台灣的文化也不會有今日的樣貌，但是戰爭對於生命的折磨、心靈的創傷，毀損極大，人民要付出相對的代價。

生活輕鬆自在，為什麼有人總想要回到嗜血的世界？翟宗泉感受到，時至今日，拜交通發達、科技日新月異之賜，文化交流已經有了不同方式。「觀光」是極重要的途徑，也是不同民族融合的方式，對於親身經歷戰亂之苦的他來說，消弭戰爭、維繫和平，方能構築美好的未來。

滿園金蘋果
暗喻家族興衰

汪樂山

回到南京的最後一夜，炮火隆隆，天未亮就被父母親催著趕緊離開。戰亂讓中國幾乎耗盡國本，民生經濟劇烈波動的程度讓人心驚，汪樂山遷台後擔任中興票券金融公司董事長，高層的親戚表達想任職，他鐵面無私以「無法破例」回絕，對方只好知難而退。

生命長河，真正的擺渡人是自己，不同使命就有不同難關。弟弟是汪樂山在台灣唯一親人，每次端詳弟弟那稚氣的臉龐時，自己是父親，是母親，更是兄長，要比一般人還多付出多倍的愛，才能填平自幼年從小帶大累積幾十年的孤單。

時代的節奏感，清楚印入財經老將魂魄中，他戰功赫赫的在財政部證券管理委員會組長、中央銀行金融業務檢查處稽核、中興票券金融公司總經理、董事長……等崗位克盡職守，素行耿直，為台灣貨幣市場利率自由化奠立了穩定堅實的基礎，在早年股市最混亂年代，參與了修訂並執行交易市場最重要關鍵的法規。

再返故鄉，媽媽已經不在了

其實金融奇才早有命定的基因與機緣。離散多年的妹妹在兩岸相通得以團聚後告訴他，母親曾經滿懷希望的問算命先生，有生之年能否再看到兒子歸來？回答卻帶來絕望，「您家院子雖然長滿金蘋果，但看得到，吃不到，見面毫無希望。」盼著孩子返鄉的母親，穿越多少眼淚與痛苦？想都不敢想，最終孤獨的含淚離世。

金蘋果的比喻，讓汪樂山無限感慨說，它暗喻了當年離家的汪家兩兄弟日後必有出息、不辱祖德。弟弟兵工工程學校畢業後前往美國深造，工程專業的表現如願與自己的金融強項無分軒輊，同樣傑出，未辜負汪家金字招牌。但再大的功業都難填兄弟最深的遺憾，「回鄉的時候，媽媽已經不在了。我們做兒女的卻又是一點辦法都沒有。」

兩岸開放探親之前，汪樂山想方設法和父母團聚，只嘆跨不過公務員身分的約束。從越南一名親戚得知，父親在文革期間受盡折磨而投江結束生命，生前交代骨灰撒進大海，母親含淚辦完喪事，遵囑將骨灰帶出門之時，又難過懊悔唸著，「該替他埋葬在土裡才對⋯⋯，孩子將來可以祭拜⋯⋯。」

隔海對峙，那是遷台早期的肅殺。

九十三歲的汪樂山提起這段，忍不住潸然淚下。

「臺糖事件」亂象，投資人瘋搶

遷台初期，民生凋蔽百廢待舉，急需財經人才投入建立制度匡正秩序。汪樂山退伍後，以同等學力考取東吳大學經濟系，畢業後他進入調查局服務，負責掌握財經情報，正逢經濟市場亂中起步。

台灣雖在民國五十一年成立了證券交易所，但是尚無電腦科技，交易全靠人工作業，股價用人力寫在黑板上，交割過程出錯機率相當大，加上訊息不流通，股市亂象四起，少數人把持下，汪樂山形容「簡直無法無天」。

汪樂山提起民國五十三年的「臺糖事件」亂象，股票從五十幾塊臺幣短期內飛漲到四百多塊，投資人無不瘋搶，人為操作終究導致悲劇，被套牢的百姓有的跳樓輕生、有的鬧進交易所跳桌抗議、有的甚至攔截老蔣總統座車要陳情，社會為此沸騰。

風波稍息的年底，磕磕碰碰的回歸金融正軌，自由經濟乘風破浪，汪樂山被派任經濟部證券管理委員會任職，負責修訂相關法規並稽核所有上市公司的資產申報。「我們會去查出有問題的公司，一旦掌握到資料，立刻要求停業一個月，這樣，股票馬上就下來。」這份工作老實講不難，但要鐵面無私確有困難，他笑說，「保安司令部內部人員涉嫌炒作，被找去喝茶的都發生過。」

不畏權勢、凡事秉公處理，任職六年證管會期間，交易所的制度一一被整建起來，股市亂象也就逐步緩解，漸漸上軌道了。一九六七年，汪樂山授命成立代辦小組，專責審查全國公司的財務報告，歷時兩年完成後，榮獲了「公務人員傑出貢獻獎」。而此時，他也通過會計師的執照考，註定要在金融界一展長才，效力一輩子。

畢生奉獻貨幣市場，功不可沒

直到一九七一年，汪樂山進入中央銀行負責信託公司的驗資查核。任期內，知名集團創辦人正準備擘劃信託業務版圖，但經查驗資產後發現，負責人以集團名義向第一銀行借款虛張資本額，汪樂山隨即回報央行總裁，秉公依法處理，不管負責人如何求情關說，就是過不了他公事公辦這一關。

一九七五年，中央銀行參酌中研院的研議，決定主持發展貨幣市場，商議由國民黨主籌資，創設「中興票券金融公司」，透過票券發行來帶動民間銀行利率的自由化，因為，若不這樣做，央行無法帶動民間銀行進行利率調整，民間投資業者也無法取得低率與方便資金的管道，「當時銀行的利率是僵化的，光靠放款賺錢就能混日子。」向銀行借款常常得靠門路，而求助無門的老百姓就只能找高利貸借錢，「這是充滿風險的！」汪樂山直言弊害所在；加上當時任職台灣銀行總經理何顯重一再以「我們一起來建立更健全的制度」力邀他參與，使命所趨，使他再度銜命赴任全新的票券金融事業。

時間果真驗證中興票券金融公司一如初衷，為台灣的自由化經濟興起了關鍵影響。汪樂山畢生奉獻貨幣市場，促進台灣貨幣市場利率自由化功不可沒，曾獲頒「華夏二等獎章」、「華夏一等獎章」。

在中興票券金融公司歷任了二十八年，汪樂山從財務經理升至總經理、董事長，一路讓公司從資本額兩億成長到三百億。此外尚支持有兩千億高額債券，陸續降息的未實現利益近兩百億，總計五百億的實力加入兆豐金控。「我這一生很認真在做事，我對得起社會、對得起國家。」他說自己從來不投資股票，原因是「作股票就不能服眾」，他堅守這等氣節和操守！

位居董事長，權高勢大，人事安排當然並不難，但是汪樂山有自己的準則不買帳。一次，前故李登輝總統姪女前來表達想進中興票券金融公司任職，他就以「無法破例」回絕，未料，對方仍執意不肯離開，最後他站起身說道，「李小姐，這樣好了，我這位子我乾脆不坐了，換你來就是了。」對方只好知難而退。這鐵面無私，終身奉行。

暫留四川，掛念著南京親人

埋藏內心的至深之痛，談起自己一九四九年那段烽火連天的記憶，有太多的遺憾仍在心中刺痛著……。汪樂山操著濃厚鄉音說，家族自祖父起遷居南京，到一九三七年日軍攻陷南京，年僅八歲才隨父親和家裡的男丁被迫離開城南老家，遷往城北由美國教會設置的難民區；母親則避免被日軍凌辱，帶著姐姐躲進金陵大學。汪樂山把饅頭窩在懷裡，「每天都進到學校裡給媽媽和姐姐送飯。」

避難這半年，發生了最慘烈的南京大屠殺，日軍在南京城裡虐殺了三十多萬中國人，汪樂山的家也被燒毀，只好租屋而居，熬到中國對日抗戰勝利，高中畢業前都留在浩劫後的南京城。

一九四五年國共宣告《雙十協定》，未料一年後內戰再起。汪樂山的父親汪積椿曾在上海從事新聞工作，對共軍殘暴行徑多所有聞，目睹國共雙方交戰熾烈，共軍在東北勢力迅速壯大而局勢險峻，決定託軍糧局的友人推薦兒子入伍，以從軍名義跟著軍隊撤退。

慘絕人寰的戰爭，帶來民族命運的改變，光陰迴盪，眼前的敘述也許含糊，但與共軍對峙的往事，清晰如昨。入伍後，汪樂山服役於空軍第四供應處，被任命為中尉軍需官。當國軍預備撤往福州，規定一名軍人可攜家眷一人同行，弟弟遂以家眷身分跟著部隊前往福州，汪樂山則暫留南京，心中始終掛念著南京親人。

有一天，長官發出指示，「聽說南京守不住了，你飛一趟南京，交代那邊軍隊，萬一失守，該如何行事。」這趟任務，終於讓汪樂山有機會回一趟南京，「當時爸媽一看我回來，一臉驚慌問說『怎麼敢這時候回來？把弟弟留福州怎辦？』」他清晰記得最後回到家的那個晚上，整夜炮火隆隆，全家人一夜沒睡，天未亮前，就被父母親催著趕緊離開。

事親至孝，兄弟一條心

戰亂讓中國幾乎耗盡國本，民生經濟劇烈波動的程度讓人心驚。汪樂山舉他撤退到福州那年的理髮價錢為例，他說，進去理髮廳一個價，理完髮後，又是另一個價錢，間隔不到一個時辰。他說，當時幣值貶落的速度非常快，政府甚至連鈔票都來不及印，權宜之計，只好就原幣紙鈔加蓋戳記，升值十倍甚或百倍來應急適用。

甚至，民間直接以銀元或黃金來計價交易，店家放個小秤子，客人可將一支金戒指分剪成數小段，秤價比值購買所需的物品。那金融市場亂象，讓汪樂山至今都還記憶猶新。

一九四九年五月，軍隊準備從馬尾撤往台灣，汪樂山心想，這一走不知何時能再回家，因完全沒把握而萬分焦急，於是和弟弟商量「不如，我們回馬尾吧，我們離家走遠了，父母親年老誰來照顧？」未料，這念頭被長官知道後，換來一頓訓斥，若違令「將以軍法處理！」

想留在大陸守在父母身邊盡孝的計畫只好打消，跟著軍隊從基隆登岸，來到舉目無親的南台灣，就近把弟弟送進台南二中念書，期盼弟弟藉讀書之路謀得更好前途，做哥哥的才算達成心願，也不負對岸的牽掛。

未料，成績十分優異的弟弟，畢業後卻未如他所願報考最厲害的台大，反而選擇就讀兵工工程學院（前國防大學理工學院），細究後，汪樂山方才明白，原來和自己擁有同樣故土記憶的弟弟，想幫哥哥省錢，「懷著寄錢回老家幫忙親人的一線希望」。

兄弟一條心，對老家的牽掛，始終不曾停過一分鐘。

輯六

為遷台歷史補遺

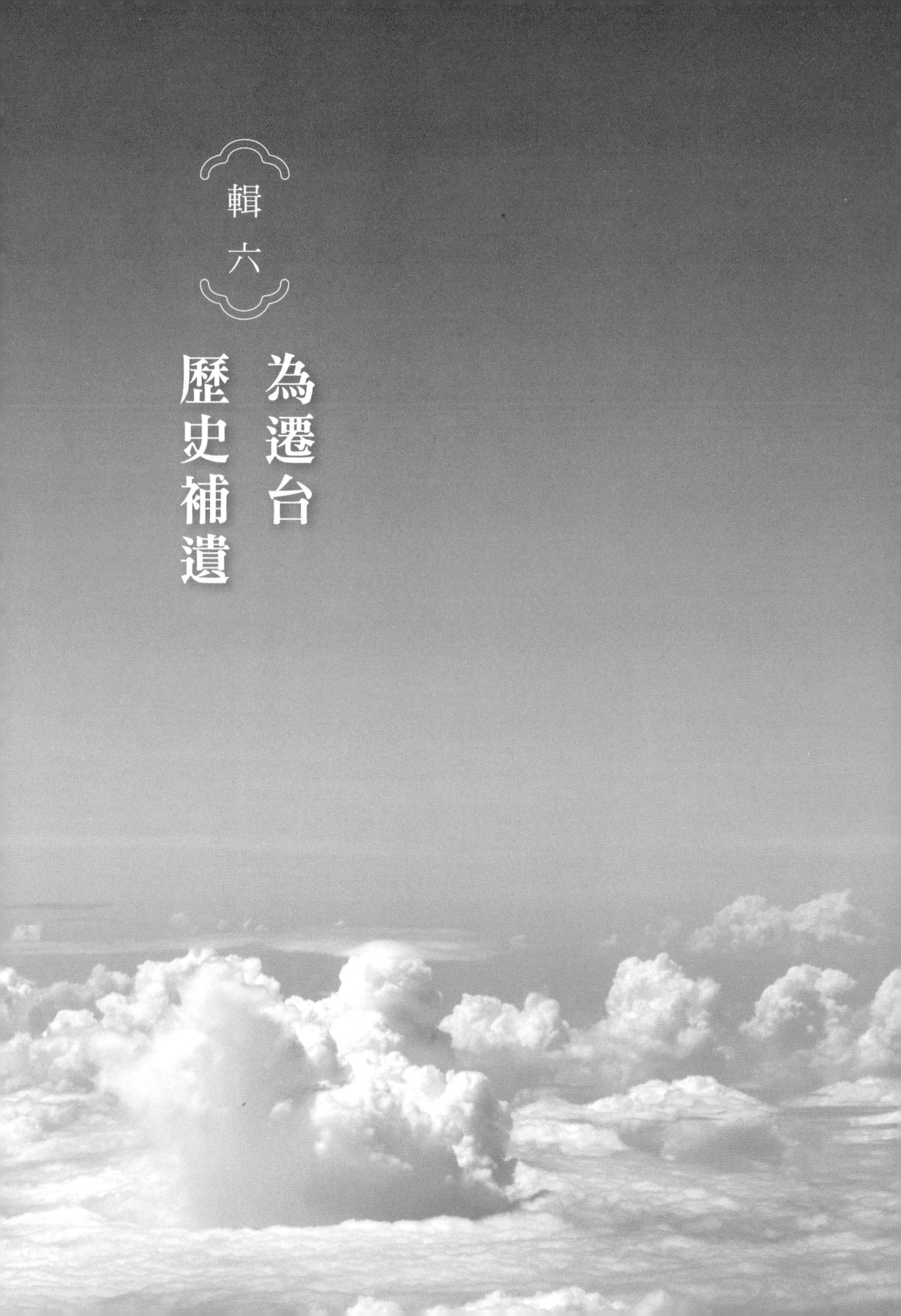

復刻鑄字的懷舊年代

張介冠

沉浸豐沛工藝美學的張介冠是台灣僅存的鑄字師傅，「日星鑄字行」庫藏三十萬個中文鉛字字模，五十年風霜，嚴重耗損的字型與母模修護是浩大工程，正等待新生代青睞與傳承，那是台灣古早的鉛與火之歌，看似樸素的店面裡，承載著文字的重量。

國寶級大師張介冠是台灣現今僅存的唯一在職鑄字師傅，座落台北後火車站太原路窄巷的「日星鑄字行」庫藏三十多萬個中文鉛字字模，歷經五十年風霜，嚴重耗損的字型與母模修護是需要一代接一代的浩大工程，等待新生代青睞與傳承。「百年老行業只是凋零，並未消逝，」張介冠固守本業，「不僅要復刻鉛字，更希望復刻那樣的手感真摯年代。」

台灣古早的鉛與火之歌

窄巷傳來的「日星鑄字行」規律的機械節奏聲，那是台灣古早的鉛與火之歌，如此熟悉，也這樣的富有懷舊感情。「中國工藝曾是世界之最，陶器銅器都無人能及。」父親張錫齡為起家店取名「日星」，意思為「日日生」，就是盼望能日日生產，生意興隆。

一九六九年，十七歲輟學的張介冠從鐵工廠學徒返鄉當助手，帶著仰望星空的夢想，開啟兩代鑄字的無悔人生。

鑄字機通過字模，將鉛製成活字，必須具有高度專注力，機器操作溫度高達攝氏三百多度，危險性極高，職業災害時有所聞。「稍一不小心被鉛液噴到，整塊皮肉會不見的！」張介冠就親眼見過一位員工被鉛液噴到光著膀子的上半身，慘叫連連，療養了六個月才稍有好轉，「險象環生的職業災難，是勞動者的宿命。」他感嘆。

借貸創業的捉襟見肘更難以避免，壓力長期累積在心頭。「因資金不足無法購入充裕新材料，只好將做好的鉛字成品熔解再生產」惡性循環導致品質難以掌控，更因經濟條件欠佳，鄰里親戚看到張家人就躲，處處受到牽制，心頭總埋層層烏雲。

六十年代鄉土文學起飛

記得剛搬到大同區第一年，「廟會準備幾桌酒席邀請鄰居賞光，但那天所有桌子都是空的，沒有一個客人到，大家都怕我們開口借錢。」一家三口悲涼的對望流淚，無計可施。

張介冠說，印刷廠上游負責鉛字鑄造與供應，活版印刷蓬勃的時代，「日星鑄字行」雖然只是全台灣最小規模的鑄字行，員工卻有三十多位，每天生產超過十萬個鉛字才能應付印刷全面需求。父子每日輪班工作超過十六小時，「爸爸通常做到清晨四、五點才休息，我早上七點過來接班，全年無休，做三百六十四天半，只有春節初一早上的半天關門休息。」正常情況是周六加班完後，父親體貼的讓兒子休息周日一天，自己多做些，連除夕夜都得鑄字到圍爐前一刻。

堅守這逐漸凋零的手工業

「每樣東西都要做到好，最極致，不能有半點缺陷，就像我現在還是一樣，經常要保持巔峰狀態，所以老實講，這活兒真的是很累。」到了一九八〇年，傳統活字印刷逐漸走向沒落，引進了照相製版跟電腦排版。起初，學過拍照攝影沖印的張介冠還能夠應付，但是十年

「日星鑄字行」庫藏字模，承載著傳承使命。

後，台灣印刷邁向數位化，幾乎再也用不上鑄字這項傳統手工藝了，連帶影響到鑄字廠的生計，市場已蕭條。

如今，「日星鑄字行」看似樸素的店面裡，卻堅韌承載著鑄字的重量與技藝不失傳的使命，以傳統文化產業對抗更迭的時代巨輪。走過半個世紀，張介冠點燃永續的火苗，續寫台灣鑄字活版印刷的歷史與故事。

「這也是為什麼我會這麼珍惜豐沛美學，沉浸我父親一生心血而努力的原因。」應用歷史課本讀到的活字印刷技藝來謀生，張介冠一生懸命，不改其志。「父親是最好的恩師，原先站在巨人陰影下，透過自己的努力終於站在肩膀上，風景是不一樣的。」祖傳技藝本是生命錨定，「家人勸我把資產處理掉，如果當時把上千萬個鉛字都賣掉，大約還能拿回幾百萬元。」但是，張介冠遺傳了父親匠人的執著，「對我來說，日星鑄字行只要還有在營業，鉛字就不能消滅。」字字句句，皆流露著對鉛字的堅持。

物質不在意，守護傳統

具有職人的自我良好感覺，無怨無悔，「活字與電腦數位字型的差別就是，它每一個環節都是人工，所以它就不完美，也因為不完美，才有溫潤感與人文的味道在裡面。」張介冠一邊檢著鉛字，一邊瞇著眼睛說，自己有生之年一定堅守這逐漸凋零的手工業，希望有如世界文化遺產被保護，也保護自己鍾情的鉛字文化。

回憶古早生活，雖然每個家庭都普遍清苦，一大家子擠在兩三坪房子裡三餐不繼，但張介冠總記得自己家特別、特別的窮，靠兩餐稀飯勉強度日，白開水配醬油鹽巴果腹也算一餐。「沒有東西吃，可以喝水，人不會餓死，日子不會過不下去。」物質的享受不是自己最在意的，精神能不能豐富才更重要，飢寒交迫的貧困童年，無損於從父親手裡接下祖傳事業的堅持。

歲月帶走了青春，卻帶不走壯志願景。這條孤獨之路，張介冠一直走下去。

黑五類的煉獄

葛維新

僑務委員會前副委員長葛維新父親是第一屆國民大會代表，權貴頭銜過的是貧寒生活，常常要跑中山堂幫父親借支薪水，只因家裡住了上百位無家可歸的昔日部署，開銷確實驚人。舊時代袍澤情誼「生死與共」，生命都可以交託，何況只是資助生活？

權貴之子，政二代也要跑中山堂預支薪水？曾經擔任僑務委員會副委員長的葛維新童年就有這段奇特經歷。

他身材高大挺拔、性格爽朗，父親是第一屆國民大會代表葛崐山，雖然頭銜權貴又高等，但是生活卻捉襟見肘，只因家裡住了上百位無家可歸的昔日部署，開銷確實驚人，幫父親借支薪水，才常常從陽明山跑到中山堂國大秘書處幫父親借支薪水。

被差遣借貸度日，當時國大代表家庭極為少見。葛維新說，遷台後，父親還承租陽明山山仔后菁山路上的一塊二十四甲山地，讓借住家宅的昔日部屬砍木為樑，割草種菜自食其力，也有去荒山墾地的，安置了部屬，心事才放下。

「每天到處奔走替部屬找工作，會開車的去公車處當司機。」這善行讓幼小心靈很受衝擊，葛維新微微抽動嘴角，揪心的回憶：「其實，父親也害怕養不活那麼多人，卻因為長官負有責任，依然咬牙面對。」

同袍情誼，就是「生死與共」

舊時代同袍情誼，就是「生死與共」，生命都可以交託，何況只是資助生活？歷劫歸來而得以遷台安居，更加用愛去詮釋，去定格看不見的傷疤，甘願為彼此捨命奔波。九歲的葛維新分配到的任務，就是為一大家子借取生活費：「都是共患難的鐵血兄弟老部下。他們戎馬一生，保了國衛了家，現在脫下軍服，我總要為他們謀個生計。」早出晚歸，經常奔波一整天感嘆，「學無專長，少年失學人伍當兵，工作不好找。」默默的在最看不見的角落支撐著，努力去照顧為國棄家的退役部屬，像孤傲的石垣，無愧於天地。

「看，葛代表的兒子，又來了。」中山堂的叔叔伯伯認得他，溫暖的給他一張板凳坐好，「最多可以借到五個月薪水，父親開口都不曾被拒絕，因為大家都知道我父親很需要錢養家。」國民大會微薄薪水不夠養家活口，有的攜家帶眷，有的單身一人，等於來台大部隊沒解散，大夥繼續過團體生活，大概過了一年半左右，「現在回想起來，真的是最熱鬧的時候了。」葛維新感到寬慰的說。

黑五類不敢想像的明天

早在兩岸開放探親之前，葛維新想方設法將母親戶口遷到上海，變更都市戶籍後，先改善他們的生活；接著便想辦法把母親接到台灣盡孝。但是，當時台灣規定要七十五歲才能申請入境，但母親年齡未滿，只能先到美國安置。直到葛維新以救國團海外處處長身分出訪美國，才終於見到久別三十多年、早已是白髮蒼蒼的母親。思念化為宿願，母子倆在美國度過短期的幸福時光，兩年後，待符合入境規定送到香港，再接回台灣。

母子團聚後深談，聽到的都是充滿血與淚的鐵幕往事。安徽老家兩個姐姐、一個弟弟、一個妹妹被歸為「黑五類」，成了清算鬥爭的對象，解放軍故意留著很「黑」的母親性命進行精神凌遲。

鬥爭大會上，所有人聚集曬穀場，幹部開始狂訓黑五類：「你們這些地主，黑五類要向人民學習，要向人民悔罪！」隨後就叫一個黑五類躺地上夾在門板間活活踩死。沒有人知道第二天，被踩死的那個人是不是自己，而葛維新的母親始終都是候選人，鎮日驚懼，精神飽受折磨。「不敢想明天會怎麼樣。」人性已泯滅，孤立也無援，那是個無法想像的煉獄，母親聽天由命。

所幸活了下來。被鬥爭了一段時間，接著派去疏濬淮河勞改。共產黨講男女平等，男人幹的活女人也要做，否則就處以刑罰，就這樣過了好些年，葛維新妹婿想辦法讓一家人偷偷逃到東北黑龍江鶴崗，這地方以挖煤礦維生。「煤礦需要大量勞動力，根本不管什麼黑五類、紅五類，在那邊才喘口氣，安定地過了很多年。」葛維新聽母親這樣說。

一九五九年到一九六一年這三年，中國發生大飢荒，母親就親眼看過村子裡發生「易子而食」的事件。有一天，村裡飄來一陣肉香，母親也聞到了，有村人尋香而去，才知道餓到吃孩子。悲慘過了三十年，「媽媽突然從悽慘歲月變成兒孫滿堂、共享天倫。」父親任職國民大會時期的舊友稱夫人，身分一下子從「黑五類」升級為「代表夫人」，度過安詳的晚年。

當選第一屆國民大會代表

葛維新出生於一九四一年安徽省蒙城縣，時值抗戰中期，父親葛崐山是皖北的警備副司令，五十三歲老來得子，自然對葛維新疼愛有加。

抗戰勝利後，葛崐山當選制憲國民大會國會代表，舉家遷到南京，葛維新也就在那裡念了幾個月小學，直到制憲完成後，又隨著父親回鄉；而沒多久，父親如願當選了行憲第一屆國民大會代表。

只是，葛家平順的日子並沒有過得太久，一九四八年國共內戰，葛崐山擔任徐州剿匪總司令部中將高參兼第二縱隊司令。葛維新說，父親曾經告訴他，桂系將領擔任安徽省省主席，竟然對安徽省居民搜刮財物，「父親認為這根本是為了籌措戰後的政治資本，因為當時軍中沒有錢，搜刮來的資源，要是作戰有需要，就用來作戰，但若是不作戰了，這些就成了他的政治資本。」

葛崐山因此心存芥蒂，「這就是為什麼安徽人對於桂系將領的統治，沒有好感。但是抗戰時期，人民要一致對外，也就只好也忍了。」後來，蔣介石下野，桂系領袖李宗仁為代總統時，葛崐山就辭去軍職。

一九四九年（民國三十八年），國共進行劃江議和，國民黨政府希望與共產黨以長江為界，以此保住江南的半壁江山。葛維新的父親因此推估，戰事進程不會太快，要全家跟著中央政府南遷到廣州比較安全。但葛維新的母親認為，必須先回鄉變賣家當、籌措生活費。

見證百廢俱興後的時代變遷

那時候，葛維新八、九歲了，「媽媽跟爸爸說，你把我兒子帶走好了，在身邊可以有個人跟你講講話。」於是，葛維新就先跟著父親到廣州市，豈料，父子倆一到廣州，共產黨就大舉渡江，南京也淪陷了；葛維新與母親這一別離，竟是三十餘年之久。

葛崐山父子在廣州沒有停留太久，蔣介石分析情勢認為需要再次遷都，因而下令廣州省政府遷海南島，中央政府遷台北。當時，廣東省政府主席薛岳將軍是葛崐山在孫中山廣東大本營任副官時期的同事，在薛岳將軍的要求下，父子倆又一起到海南島，在一九五〇年搭機撤退到台北。

「非常感謝我的父親把我帶到台灣來，提供這麼好的生活和發展的環境，能讓父母親都活到九十歲。我也兒孫滿堂，已經沒有什麼遺憾！」歷經大時代變動的顛簸分離，葛維新見證百廢俱興後的遷台演變，父親和部屬很快融入各行各業，努力成為社會中堅，日子也都過得很好。至於葛維新自己，則進入陽明山國民小學就讀三年級，被台籍同學稱為「阿山子」，意指唐山來的外省人，「我知道這稱呼並非惡意，但聽了不很舒服，不過，後來也習慣了。」

葛維新還有一個記憶是關於

葛維新學成便歸國孝養父親，教化是往後歲月的依循。

「穿鞋」這件事，他發現，山上的小孩都不穿鞋，而且認為「阿山們」穿著鞋很浪費。小小年紀也曾經想跟同學一樣光腳上學，卻被父親痛罵「像野人」，只好穿著鞋出門，再偷偷地把鞋子藏在草堆，光腳走進學校。但沒想到，沒穿鞋走路真的很不習慣，只好把鞋子穿回來。

葛維新考取政治大學政治系，結識就讀師大歷史系的太太，成婚後兩人雙雙赴美深造，考慮到父親年事已高，學成便歸國孝養父親，「影響與教化，像腦中植入晶片，是往後歲月的依循。」葛維新說。

消失的繡補師
台灣歐吉桑

吳阿鏡

手藝人奮鬥不懈的故事，存在遷台後的各角落。繡補師吳阿鏡守著「人們珍藏的回憶」，許多客人會把父母親或長官致送的衣服縫補，因爲他們都認識到，回憶的價值勝於一切，對舊衣物老東西有感情，像是一起經歷曾經的風光。

吳阿鏡在宜蘭員山出生，落地取名「吳亞慶」，因為二戰期間台灣許多孕婦為了躲空襲奔來跑去，經常流產，「能順利產下的嬰兒，算是命大有福氣了。」父親特別以「亞慶」為他命名「慶祝亞洲脫離戰爭」。

未料到公所登記出生姓名時，碰上了目不識丁的外省雇員，將其名誤寫，將錯就錯，早春台北城區誕生了「吳阿鏡」。

特有的溫暖濕氣浮散在舊街，安靜巷弄的牆面上掛個白面小看板：「明昌專業織補，請上二樓」。這是繡補師吳阿鏡工作室兼住家，戴著老花眼鏡，就著窗邊落灑進來的光線，憑他老練手感，一針一線縫補破洞，補回最初的完美無痕。

阿鏡的岳父來自福建，他和這位本省籍女婿天生投緣，無話不聊，沒有省籍隔閡。或許，岳父當年早看準了吳阿鏡對環境有超強的適應韌性，隨遇而安，女兒交給他很放心，共築幸福家庭肯定沒有問題。

七十年代，經濟起飛的台灣開始進口大量成衣，便宜又時髦，讓人們改換了自己裁衣縫褲及補破衣裳的習慣。沒生意上門，吳阿鏡雖然開始兼做書局，但還是守著繡補手藝，「為人們珍藏回憶」，許多客人把父母親或長官致送的衣服縫補，因為他們都認識到，回憶的價值勝於一切，儘管是一件毫不起眼的舊毛衣，若有回憶在其中，破了洞，還是值得好好收藏。

舊衣物，老東西，吳阿鏡天生有感情，像是一起經歷它們曾經的風光。

繡補業曾經盛極一時

初進繡補行，吳阿鏡從小學徒做起，越過許多菜鳥的挫折，出師的圓滿因此更可貴。民國五十年代，民生資源有限，柴米油鹽之外少有餘錢添購新衣，衣服破了補，補了破，還要傳得弟妹穿。就算上班賺錢，男性西裝也頂多一套，稍有破損，補個洞只需要三塊、四塊錢，總比買套全新的西裝來得划算。

也因此，順應時空背景，繡補業算是盛極一時。

吳阿鏡童年住在宜蘭農村，每天上學路程要走上兩小時，僅有的一雙鞋遠足才捨得拿出來穿，從他小學一年級穿到六年級，讓人好奇的是，小一生的腳丫子，如何穿上小六腳丫的大鞋？「鞋裡面塞堵棉花撐著，這樣穿，就不會掉了。」於今回想，平日上學打赤腳走上來回四小時的石子泥土路，還真佩服自己的能耐，笑笑說，「說不定是這樣，赤腳走石頭路，順便做腳底按摩練出好身體！」

三餐不繼，日子過得並不輕鬆

台灣光復初期，島內糧食供給相當吃緊，大量台籍壯丁被日本政府徵召，部分農地又被轉作軍用，加以肥料工廠後期遭美軍空襲轟炸，諸多因素，讓台灣人經常餓著肚子。吳阿鏡家儘管務農，三餐也常是地瓜加一點米飯充飢而已；日子過得並不輕鬆。

他放學回家要幫忙牽牛去吃草，牛背上的童年記得一清二楚，「小孩子最怕兩隻公牛鬥起來，哇，牠們如果看到母牛，馬上很激動，一定會把我們從牛背上摔下來，」吳阿鏡根本拉不動，只能拚命往牠們身上潑水，「希望牠們冷靜下來。」一兒時一段樸真有趣的往事，講來滿臉是笑。

遙遠的年代，繡補師吳阿鏡開設繡補行。（吳阿鏡提供）

機會一定來，不會太久

十五歲那年，吳阿鏡下定決心改變命運，不想和父親一樣一輩子下田耕種日曬雨淋，他告訴父親，決意要北上打拼。結伴了四位同鄉一起從宜蘭搭火車到台北，身上只帶了十六塊錢和一小包換洗衣褲。舉目無親，夥伴們撐沒幾天就打道回鄉去了，唯他一人豪賭一口氣，堅持留在陌生的大城市裡繼續等工作，他相信，機會一定來，不會太久。

一九六〇年，北上找工作的熱區集中台北後火車站太原路上，「職業介紹所」就是現在的「人力銀行」。「那年代，中南部北上想找工作的人，都會來到介紹所登記，再由介紹所的人員幫忙媒合。」他在台北城裡，等了足足兩個月，才終於等到繡補行願意用他。

等工的空窗期，他靠著身上僅有的十六塊錢，「白天在火車站坐著睡覺，等天黑車站關門，就晃到北門公園乘涼，一天買一顆山東大饅頭，分午餐、晚餐吃，渴了就喝路邊人家的奉茶。每天與生活拚搏不喊苦，直到進繡補行當學徒，才有了可以睡覺的地方。」這段流浪漢般的記憶，忘不掉。

底層生活，只能苦中作樂

吳阿鏡入行的店家，坐落在現已拆掉的台北中華商場「孝」棟樓，繡補業走的是師徒制，小小一間店面擠了七、八位學徒，大夥白天跟著師傅學繡補，晚上則同擠在站起身都會頂到頭的小閣樓裡睡覺，風扇只有一支，夏夜燠熱難當，有人乾脆草蓆夾著，就到店面外的走廊，席地就睡了。

吳阿鏡說，中華商場後面就是火車鐵道，煤油火車經過，夜裡轟隆作響，飄來的黑煙也常被燻得一臉黑，底層生活，只能苦中作樂。「相信一技在身就不怕沒飯吃，不怕吃苦，」他胸有成竹，這行業是不需要投入太多成本，將來開業應該不難。為了從師傅身上學到好技藝，常常半夜爬起來研究師傅的針法，自我要求多，非要比他人技高一籌才行。

一九六五年，他赴前線當兵，金門地區與對岸仍處於「單打雙不打」的緊張對峙。吳阿鏡晚上在海邊站衛兵，傳說中對岸會摸黑上岸的「水鬼」也看過，「他們穿件內褲、全身黑漆漆的，抹得油亮亮。但我們不會讓他靠近，一靠近就會開槍！」吳阿鏡以一百七十三公分、五十五公斤甲上體格入伍，本可留在軍中發展，但退伍後卻選擇布行業務，穿梭在台北城區衡陽路、迪化街一帶推銷布品，從基層開始學習。

「當業務並不輕鬆，雖然是拿著公事包，看起來體面，但是為了討店裡小姐歡心，也要低下身段陪她們唱歌跳舞，吃宵夜。」否則送去的布料，不會被擺到店裡的好位置，流失好顧客。男人打拼事業難免小犧牲，生性幽默的老師傅，聊起這段「陪小姐」的往事，分外覺得有趣，大家都相視笑起來。

娶妻生子，完成人生歷程。（吳阿鏡提供）

嗅到行業風向的改變

當了兩年布行業務的吳阿鏡感覺時機已成熟，一九六九年決定租個小店面經營繡補行，開始以手藝創業。他說，「許多紡織廠開始遷往東南亞了，感覺台灣紡織業逐漸要走下坡了。」嗅到行業風向的改變，再加上自己繡補一技在身，心中早有自己獨立創業的打算。

和平西路店面小而美，四、五位繡補師認真刺繡與縫補，吳阿鏡的「明昌繡補行」正式開張，愛美的顧客信任他，這一刻，成為他事業的永恆。掛牌是新的旅程，他誓言，無論時代如何改變，自己的針線絕活，永遠不離手。

靠著勤奮打拼，吳阿鏡成家立業，和同甘共苦的妻子陳玉英養育四位女兒，也買下了台北房子，有了安穩的家庭，更加感恩岳父當年願意把女兒託付給他，「用手藝來回報」。認真就能出運，好手藝加上好態度，像蒲公英播種的好評引來不斷客源，每逢過年，總通霄達旦加班到天亮，再趕件，也心細藝強，繡補功夫絲毫不含糊，有時候尋不著與原衣料顏色相仿的絲線，甚至不惜拆剪老婆衣服的線紗來縫補，把服務做到極致，老婆笑笑，也幫著幹活，「另一半無論決定什麼，彼此都認為是對的。」

光陰似箭，吳阿鏡如今老了，時代也不等他，繡補業在台灣已漸消逝到快不見影子，只能在尾聲溫暖體會，去發現一線嶄新的可能。慢慢走過時代，他也知道每個人都會經歷濃霧，只是長短有別，彷彿也看到了早年台灣孩子，如秋天大風吹起的芒草，純淨、柔軟，卻同時擁有高度強韌的生存力道，辛苦，卻又自在！

靠著勤奮打拼，吳阿鏡成家立業，下一代也長大成人。（吳阿鏡提供）

以尋親廣告
骨肉半世紀重逢

張秀實

一則小小尋人啓事，讓分離半世紀的兄弟終於跨海團圓！張秀實恨不得立刻飛去大陸見面，但因公職在身，直到退休才踏上歸鄉之途，到貴州看到分別時年方九歲的弟弟已經兩鬢飛霜，兄弟相見，淚眼潸潸。

雙親離世，不捨不甘的孤絕襲來，難以填補的黑洞完全不敢去想像其深淵極處，張秀實為告慰天上父母，盡己所能尋找親弟弟。

重逢本是命定。一則突然看到的小小尋人啟事，讓分離五十載的兄弟終於跨海團圓，「上海一別，弟弟才九歲，再見面已是耳順之齡。」白髮親人的擁抱是天地仁德的動情，人間有至情深愛的證明啊！

親情血脈找到相連之處

與弟弟再聚首有如小說情節一般：「一九八八年派駐中美洲的哥斯大黎加，無意間瞥見《中央日報》航空版上有則小小的尋人啟事，原來是留在大陸的小弟登報尋找大姊。」張秀實立刻聯絡台灣大姊夫，再告知蘇州大姊趕赴貴陽找到小弟，終於，終於血脈找到相連之處。

多年的思念如潮水湧來，見面講話，講了好久直到深夜也停不下來，絮絮叨叨裡，都是無法想像的艱難，為家人熬過去。「家裡沒吃沒喝，娘和我三餐常常只喝水，有個饅頭，娘都留給我。」弟弟告訴他，為了討生活到內燃機製造工廠做學徒，每到假日徒步數華里的長路回家，將一個星期攢的微薄工資交給母親，母子衣單食薄，也不知要熬到什麼時候，才是個頭。

所幸上天憐憫，「弟弟資質聰穎，勤奮好學，由普通工人晉升為技術工人，而後做到隊長、技術科科長、推銷組組長的職位，表現非常幹練，也因社會進步有表現的機會。」家中狀況日漸改善，母親深鎖的雙眉終於稍稍鬆開。

兄弟相擁，淚眼潸潸

得到親人消息，張秀實恨不得立刻飛去大陸見面，但因公職在身，身不由己，直到退休後才踏上歸鄉之途，到貴州看到分別時年方九歲的弟弟已經是六十一歲的兩鬢飛霜中年人，兄弟相見，淚眼潸潸。

初回故土，張秀實看到現代人已經很難想像以前的農村。破舊又失修的土坍厝，牆面剝落，茅草屋頂禁不起風吹，一吹會散開，用大樹幹去壓住。爸爸媽媽在炎炎夏日的小曬穀場上，日日曝曬做工，星星出來才收工，整個人消瘦漆黑，衣衫襤褸，正是所謂「赤貧農人」的寫照，用四季的生產養大一家人，真是不容易。

父親亡故後葬在內江，母親離世則埋骨貴陽，大姊返鄉探親尋不著父親墓地：「就在父親約略下葬的地方挖一塊泥土帶到貴陽母親的墳上，就算是老人家合葬吧！」張秀實一提起這無奈，眼眶又紅起來。

天涯遙遙，各居一方

一九三三年出生的張秀實是江西南昌人，世代耕讀傳家，父親張植號墨秋，畢業於江西法政學校，曾經服務於內政部、軍政部、糧食部等單位，認真負責、國學造詣極高，深受長官器重。家中的長子的張秀實認為，自己在外交領域若表現卓越，必是受到父親言教與身教影響。

七七事變爆發，舉家由江西南昌逃往四川，亂世任何事都不足為奇，抗戰八年，父親不幸於重慶病歿。「抗戰勝利後，我們終於回到南昌老家，原以為可以在家鄉完成學業，豈知新四軍又趁隙竄起，一九四八年底，迫不得已又開始逃難。」大姊夫在上海淞滬警備司令部工作，因此全家人有機會投奔上海，再帶著房東託孤的兒子乘坐「海蘇號」經福州來到台灣基隆，母親則與小弟轉進四川投靠二姊，家人就此天涯遙遙，各居一方。

外交特考榜上有名

初到台灣，考場得意的張秀實擠進聯考窄門錄取建國中學，眼見就要熬出頭。但是大姊夫薪水微薄，生活極為艱困，「每隔一段時日，大姊就要帶著小金條去銀樓變現救急，維持家計實在不容易，」看在眼裡，無從幫忙，只能報考政工幹校，以公費減輕家中負擔，建中就不唸了。成績出色畢業後，學以致用分發到海軍出版單位服務，再考入東吳大學法律系及軍官外語學校留美儲訓班，結業後即赴美國受訓，擔任政工幹校新聞系教官。

抓住考試訣竅的張秀實，再度參加高考及外交特考而榜上有名，但是當時軍中規定，赴美受訓人員返國後需服務滿兩年始得轉任他職，因此直到一九六三年，張秀實才由軍中退役轉往外交部工作，展開了長達三十五年的外交官生涯，被派駐澳洲、印尼、非洲、中美洲、美國及加拿大等駐外單位，拓展外交、敦睦邦誼。

珍惜當下相見的不易

二〇一九年，弟弟過八十壽誕，張秀實雖然年事已高，行動有所不便，但是仍然堅持隻身往大陸為弟弟慶生：「弟弟辛苦侍奉母親，分擔了我這個做哥哥的責任，付出是我一輩子也難以償還的。」踏上故土，激動難免，老人尤其不能這樣情緒高度轉折，但是，張秀實知道，來日無多，見一次少一次，兩岸親情要怎樣繫住才是圓滿？無非珍惜當下見面的不易。

兄弟相見，一碰到一個似曾相識的點，腦袋就會抓起一整串過去發生過的類似事情，翻起連篇舊事。「雙親的故鄉，也是我們的生命原鄉。」退休後不再過問國事，做為一個大時代的旁觀者，張秀實說，過去的歷史，就是過去了，「人生必有風雨，淡然承受。」

PEOPLE 503

疾行船：我家的兩岸故事（一）

作者　財團法人沈春池文教基金會
照片提供　財團法人沈春池文教基金會
統籌　石靜文
總監　范姜泰基
主編　李碧華
編輯　謝翠鈺
助理編輯　范婷婷、張佳容
企劃　陳玟利
封面設計　林采薇、楊珮琪
美術編輯　江麗姿

董事長　趙政岷
出版者　時報文化出版企業股份有限公司
一〇八〇一九　台北市和平西路三段二四〇號七樓
發行專線　（〇二）二三〇六六八四二
讀者服務專線　〇八〇〇二三一七〇五
（〇二）二三〇四七一〇三
讀者服務傳真　（〇二）二三〇四六八五八
郵撥　一九三四四七二四　時報文化出版公司
信箱　一〇八九九　台北華江橋郵局第九九信箱
時報悅讀網　http://www.readingtimes.com.tw
法律顧問　理律法律事務所　陳長文律師、李念祖律師
印刷　勁達印刷有限公司
一版一刷　二〇二三年六月三十日
定價　新台幣四二〇元

疾行船：我家的兩岸故事（一）/ 財團法人沈春池文教基金會作 . -- 一版 . -- 臺北市：時報文化出版企業股份有限公司 , 2023.06
面；　公分 . -- (People ; 503)

ISBN 978-626-374-006-8(平裝)
1.CST: 人物志 2.CST: 台灣

783.31　　112009405

ISBN 978-626-374-006-8
Printed in Taiwan